DİRENİŞ VE İTAAT
İki İktidar Arasında İslamcı Kadın
Ruşen Çakır

Ruşen Çakır, 1962'de Hopa'da doğdu. Laz. Ali Deniz'in babası. Galatasaray Lisesi'ni bitirdi. Gazeteciliğe 1985'te Nokta dergisinde başladı. Tempo, Cumhuriyet, Milliyet ve CNN-Türk'te çalıştı. Halen serbest muhabirlik yapıyor.
   Kitapları: *Ayet ve Slogan, Türkiye'de İslami Oluşumlar*, 8. basım, Metis, 1990; *Vatan Millet Pragmatizm* (Hıdır Göktaş ile birlikte), Metis, 1991; *Resmi Tarih Sivil Arayış* (Hıdır Göktaş ile birlikte), Metis, 1991; *Sol Kemalizme Bakıyor* (Levent Cinemre ile birlikte), Metis, 1992; *Ne Şeriat Ne Demokrasi, RP'yi Anlamak*, 2 basım, Metis, Nisan 1994; *Hatemi'nin İranı* (Sami Oğuz ile birlikte), İletişim, 2000. Çevirileri: Anne Steiner, Loïc Debray, *Kızıl Ordu Fraksiyonu*, Metis, 2000.
   Direniş ve İtaat, Ruşen Çakır'ın 1980 sonrası İslami Hareket üzerine yürüttüğü daha geniş bir projenin ilk kitabıdır.

Metis Yayınları
İpek Sokak 9, 80060 Beyoğlu, İstanbul

Siyahbeyaz Dizisi 12
DİRENİŞ VE İTAAT
İki İktidar Arasında İslamcı Kadın
(1980 Sonrası İslami Hareket I)
Ruşen Çakır

© Ruşen Çakır, 2000
© Metis Yayınları, 2000

İlk Basım: Kasım 2000

Kapak Tasarımı: Semih Sökmen
Kapak Fotoğrafı: 11 Ekim 1998, Boğaziçi Köprüsü

Dizgi ve Baskı Öncesi Hazırlık: Metis Yayıncılık Ltd.
Kapak ve İç Baskı: Yaylacık Matbaacılık Ltd.
Cilt: Sistem Mücellithanesi

ISBN 975-342-295-4

DİRENİŞ VE İTAAT
İKİ İKTİDAR ARASINDA İSLAMCI KADIN

Ruşen Çakır

siyahbeyaz
Metis Güncel

İçindekiler

1 SUNUŞ **9**

2 İSLAM VE KADIN: İTAATİN MEŞRULAŞTIRILMASI
Hidayet Şefkatli Tuksal ile söyleşi **13**

3 İSLAMİ HAREKETTE FEMİNİZM TARTIŞMASI
Muallâ Gülnaz ile Söyleşi **39**

4 BİR ÖZGÜRLEŞME İMKÂNI OLARAK TÜRBAN
Türban Eylemcilerinden Tanıklıklar **57**

5 TÜRBANIN DÖNÜŞÜMÜ **77**

6 BİR DİRENİŞ İMKÂNI OLARAK TÜRBAN **82**

7 İSLAMCI KADIN GETTOLARI
Sibel Eraslan ile Söyleşi **89**

8 ALLAH'IN ERKEĞE VERDİĞİ RUHSAT
Emine Şenlikoğlu ile Söyleşi **105**

9 İSLAMCI KADIN: İKİ KERE HÜKMEN MAĞLUP
Cihan Aktaş ile Söyleşi **120**

25 Şubat 1998, İstanbul Üniversitesi

Sevgili Müge İplikçi'ye

Çapa 4 Haziran 1998, Refahlı belediye başkanlarıyla

SUNUŞ

Bundan tam on yıl önce, *Ayet ve Slogan - Türkiye'de İslami Oluşumlar* adlı ilk kitabım yine Metis Yayınları'ndan çıkmıştı. Elinizdeki kitap, bir bakıma onun devamıdır. Daha doğrusu, *Ayet ve Slogan*'ın devamı olarak tasarladığım ve "1980 Sonrası İslami Hareket" olarak adlandırdığım geniş bir çalışmanın ilk kitabıdır.

Bir süredir kafamda İslamcı kadınlar üzerine bir kitap hazırlama fikri vardı. Bunun nedenlerini kitabın giriş bölümünde açıklamaya çalıştım. Daha çok son yirmi yılın kadınlar tarafından değerlendirilmesini tasarlıyordum. Bir diğer deyişle, haddim olmayarak küçük çaplı bir "sözlü tarih" çalışması yapmak niyetindeydim. Dr. Hidayet Şefkatli Tuksal ile yaptığım röportaj, bunun pekâlâ mümkün olabileceğini gösterdi. Çünkü okuyucunun da göreceği gibi Dr. Tuksal'ın yaptığı, hadislerde kadının yeri üzerine kuru akademik bir çalışma değil. O esas olarak belli bir tanıklıktan hareketle genel bir sorgulamaya girişiyor.

Özetle Dr. Tuksal'ın bilimsel, eleştirel ve hepsinden önemlisi samimi açıklamaları beni diğer röportajlar için cesaretlendirdi. Fakat maalesef Elif H. Toros, Yıldız Ramazanoğlu ve Fatma Karabıyık Barbarosoğlu, kendilerince haklı gerekçelerle böyle bir çalışma içinde yer almak istemediklerini belirttiler. Buna karşılık Muallâ Gülnaz, Emine Şenlikoğlu, Sibel Eraslan ve Cihan Aktaş, bana güvenerek, büyük bir açık yüreklilikle görüş ve tanıklıklarını dile getirdiler.

Başörtüsü sorunu hakkındaki bilgileri büyük ölçüde Mazlum-Der, AK-DER ve ÖZGÜR-DER'in yayınlarından derledim; 1987-88'deki tartışmaların kopyalarını Muallâ Gülnaz sağladı. Röportajlardan bazıları, özet halinde *Milliyet*'te yayımlandı.

Kitabın iskeletini oluşturan yazının ilk hali, *Birikim*'in Eylül 2000 tarihli 137. sayısında, "İslam, Kadın ve Özgürleşme" dosyası içinde "Dindar Kadının Serüveni" başlığıyla yayımlandı.

On yıl sonra *Ayet ve Slogan*'ın devamını yazarak hem Türkiye'deki İslami hareketin bilançosunu çıkarmak, hem de kendi hesaplaşmamı yapmak istiyorum. "İslamcı kadınlar" konusunu başlı başına bir kitapta ele alıp bunu dizinin ilk kitabı yapmam, böyle bir hesaplaşma kaygısının ürünüdür.

Çünkü on beş yıllık gazetecilik yaşantımda İslami hareketteki kadın konusuna pek fazla eğilmediğimin, bunun da büyük bir eksiklik olduğunun bilincindeyim. Bunun kendimce birtakım nedenleri var. Örneğin bütün bu süre boyunca tanıdığım İslamcı erkekler, İslamcı kadınlarla temas kurma taleplerimi hep gereksiz, imkânsız ve yanlış gördüler, gösterdiler. (Halbuki kendileri, İslamcı olmayan kadın gazeteci veya araştırmacılarla ilişkilerini hep gerekli, mümkün ve doğru buldular.) İslamcı kadınlar da böyle bir iletişim için pek bir çaba göstermediler. Dolayısıyla bir "tatsızlık"tan kaçınma endişesi bu tür bir diyaloğu imkânsız kıldı.

Kadın konusuna fazla el atmamamın bir diğer nedeni, bir din olarak İslam'ı hiçbir şekilde tartışmama yönündeki ilkemdi. Bir gazeteci olarak İslam'dan ziyade, farklı eğilimlerdeki müslümanların, özellikle de İslamcıların toplumsal, kültürel, siyasal ve ekonomik hayata bakışlarını ele almaya çalıştım. Dolayısıyla epey sansasyonel olan "İslam'da kadının yeri" tartışmalarını ilahiyatçılara ve her kesimden meraklılarına bıraktım. Bu tavrımın diğer bir nedeni de "İslam ve kadın" tartışmasının hızla "İslam ve cinsellik" tartışmasına kaymasıydı.

Bu kitapta geniş ölçüde tartışmaya çalıştığım, türban (başörtüsü) sorununun katettiği aşamalar da ürkekliğimi pekiştirdi. Örtülü kızlar, mevcut iktidara ve onun yasaklarına karşı uzun soluklu bir direniş yürüttüler. Ama bu süreçte İslami hareket içindeki iktidarlara karşı bir direniş geliştirmediler, hatta itaatlerini daha da artırdılar. Sonuçta İslamcı kadınlar "iki iktidar arasında" kalmıştı ve her iki iktidar odağı da "başörtüsü sorununu" en temel ve hayati sorun olarak görüyor, gösteriyordu. Bu sorun üzerine yazmak iyice zorlaşıyordu. Gitgide daha da çözümsüzleşen –belki de kız öğrenciler dışında fazla kimsenin de çözülmesini pek istemediği– başörtüsü sorununa değinmeden İslamcı kadınları ele almak ise en basitinden sahtekârlık olurdu.

Son olarak, bir erkek olduğum için ne kadar uğraşırsam uğraşayım, kadın konusunda erkek egemen zihniyetten tam olarak sıyrılmamın mümkün olmadığını biliyordum.

Peki ne değişti? On beş yıldır Türkiye'deki İslami hareketliliği gözlemeye ve anlamaya çalışan bir gazeteci olarak, bu süreci hiç tereddütsüz bir şekilde şu üç cümleyle özetleyebilirim: 1) İslami harekete en büyük damgayı kadınlar bastı. 2) İslami harekette en büyük çileyi kadınlar çekti. 3) İslami hareket, bir erkek hareketidir.

Bu üç tespiti peşpeşe sıraladıktan sonra ya artık İslami hareket üzerine yazmayı bırakacak ya da zorunlu olarak kadın konusunu ele alacak, hatta onu layık olduğu yere, olayların merkezine oturtacaktım. Diğer bir deyişle daha fazla kaçamazdım.

Başörtüsü, dolayısıyla İslamcı kadın konusunun iyice gündemden düştüğü bir dönemde, "sansasyonel olma" riski de iyice azalmıştı. Ayrıca, İslami hareket içinde kadınlara özel bir yer açma çabasındaki, sayıları giderek azalan "direnişçi" kadınlara ulaşmak, ÖZGÜR-DER ve AK-DER gibi son iki seneye özgü kadın örgütlenmeleriyle birlikte eskisinden daha kolay hale geldi. Üstelik bu kadınların önemli bir bölümü de böyle bir diyaloğu istemeye başladı. İslami cemaat ve şahsiyetlerin meydanı teker teker terk ettiği 1997 sonlarında solcu/devrimci öğrencilerin örtülü kızlara örgütlü bir şekilde destek vermesi birçok şeyi tersyüz etmeye yetmişti.

Bazı yenilikçi ilahiyatçılar, İslam'daki birçok tabu konuyu, bu arada kadın sorununu da eleştirel bir şekilde irdelemeleri, özellikle de Dr. Hidayet Şefkatli Tuksal gibi yeni kadın ilahiyatçıların İslam'daki erkek egemen bakış açısını sorgulamaları da işleri iyice kolaylaştırıyordu.

İlahiyatçı perspektifinin dışında bazı İslamcı kadınlar, "İslam ve kadın" ve "İslami harekette kadın" üzerine daha fazla sayıda ve daha nitelikli kitapları tek başlarına veya ortaklaşa kaleme aldılar veya dergi özel sayıları hazırladılar. Ayrıca başörtülülerin tanıklıklarını derleyen çalışmaların da, yetersiz olmakla birlikte arttığı görüldü. Bir diğer olumlu gelişme de kadınlar tarafından kaleme alınmış biyografik ve otobiyografik öğeler içeren edebi anlatıların çoğalması.

Bu kitapla, bir gazeteci, bir solcu, bir insan olarak önemli bir eksiğimi gidermek, yani vicdani bir sorumluluğu geç de olsa yerine getirmek istiyorum. Ama değişen ve bu kitabı eskisine göre daha mümkün kılan bütün koşullara rağmen değişmeyen çok önemli bir nokta var: Bir erkek olarak, ne kadar uğraşırsam uğraşayım kadınların dünyasını önyargısız bir şekilde aktarabilmemin mümkün olmadığını, kendimi ne kadar feminizme yakın hissetsem de feminist olamayacağımı biliyorum.

"1980 sonrası İslami hareket" kitaplarının ana hatlarını oluşturmada Metis'ten Semih'in katkısı çok büyük oldu. Ayrıca yine Metis'ten Müge, Yıldız, Emine, Sabahattin ve Sedat'ın da kitaba çok emeği geçti.

Tabii bir de evdekiler: Minnet Hanım, Ali Deniz ile "kadın bakış açısı" ve "sözlü tarih"i zihnime kazıyan Müge...

Ruşen Çakır
Ekim 2000, Moda

İSLAM VE KADIN:
İTAATİN MEŞRULAŞTIRILMASI

GÜNÜMÜZ Türkiyesi'nde dindar kadınların kamusal alandaki varoluşlarının kısıtlandığı veya kimi durumlarda engellendiği, bunun bir insan hakları sorunu haline geldiği açıktır. Ancak Türkiye dahil, tüm müslüman ülke ve topluluklarda kadınların hak ve özgürlükleri bakımından epey geri bir konumda oldukları; bunun yalnızca devletlerin baskısından kaynaklanmadığı ve kadınları acımasızca ezenlerin, kendilerini birtakım İslami referanslarla da meşrulaştırdıkları açıktır.

İslam'da kadının yerini değerlendirmede şimdiye kadar üç temel görüşün mücadelesine tanık olduk: a) Müslüman kadınların koşullarının iyileşmesi için dinlerini terk etmelerini şart koşan görüş; b) Müslüman kadınların koşullarının, İslam içinde kalarak da iyileşebileceği görüşü; c) İslam'da zaten kadın sorunu olmadığı görüşü.[1]

Birinci görüşte "İslam, her din gibi kadın düşmanıdır" şeklinde özetlenebilecek ateist yaklaşımdan çok, diğer dinlerin misyonerleri tarafından savunulan "İslam kadın düşmanıdır" yaklaşımı ağır basıyor. Müslüman toplumlardaki laiklik yanlısı aydınlar da şu ya da bu şekilde bu görüşlerden etkileniyor, ama şu ya da bu nedenle İslam karşıtlığı yapmıyor, yapamıyorlar.

Yine de laiklik yanlılarının esas olarak ikinci grupta toplandığı ortadadır. Zaten bu öbekte yer alanlar çok geniş bir yelpaze oluşturmakta ve İslam'a, kadına ve İslam-kadın ilişkisine bakışta birbirlerinden epey farklılaşmaktadırlar. Dikkat çekici olan nokta, bu öbeğe son dö-

---

1. Her üç görüş de, ağırlıklı olarak erkekler veya "erkekleşmiş kadınlar" tarafından geliştirildi. İslam-kadın ilişkisini, ister İslam'ın içinden, ister dışından olsunlar, feminist veya feminizan bir şekilde değerlendirmek isteyen kadınlar da bu çerçevenin içinde kaldılar. Onlar, "kadınların durumunun iyileştirilmesi"nin yerine "kadının özgürleşimi" hedefini koyup erkek egemenliğine ve ataerkilliğe açıkça savaş açmalarıyla kendilerini diğerlerinden ayırabildiler.

nemde İslami kesimden katılımların hızla ve nitelikli bir şekilde artmış olmasıdır. Diğer bir deyişle, üçüncü görüşün, yani "Müslüman kadının eşitlik ve özgürlük sorunu yoktur," diyenlerin etkisi giderek kırılıyor.

İslami Harekette Kadın

1985'ten itibaren Türkiye'deki İslami hareketliliği gözlemeye ve anlamaya çalışan bir gazeteci olarak, bu 15 yılı, hiç tereddütsüz bir şekilde şu üç cümleyle özetleyebilirim: 1) İslami harekete en büyük damgayı kadınlar bastı. 2) İslami hareket te en büyük çileyi kadınlar çekti. 3) İslami hareket, bir erkek hareketidir.

Önce birinci cümleyi açmaya çalışalım: Türkiye'de 1980'li yıllarda yükselişe geçen İslami hareket, önceki yıllardan farklı olarak kadınları da aktif ve görünür bir biçimde saflarına kattı. Hemen hemen her İslami cemaat, kapılarını her yaştan kadına geniş bir şekilde açtı. Cemaatlerin bünyesinde kadınlara yönelik dernek, vakıf gibi kurumsallaşmalara gidildi. Nakşibendiler "Kadın ve Aile", Nurcular "Bizim Aile", Emine Şenlikoğlu ve çevresindeki kadınlar "Mektup" dergilerini çıkarıyor; gazeteler kadınlara özel sayfalar ayırıyordu.

Köklü cemaatlerin dışında, radikal eğilimli gruplar da özellikle kız öğrenciler arasında örgütleniyor, bu süreçte türban sorununun yarattığı siyasallaşmadan geniş bir şekilde istifade ediyorlardı. Bu arada en çarpıcı dönüşüm Refah Partisi'nde yaşandı. İstanbul İl Başkanı Recep Tayyip Erdoğan'ın inisiyatifiyle 1980 sonlarında bu ilde kurulan "hanım komisyonu" kısa sürede gösterdiği üstün performansla dikkati çekti. Genel Başkan Necmettin Erbakan'ın onay ve teşvikiyle ülke çapına yayılan komisyonlar, partinin 1994 ve 1995 seçim başarılarında kilit bir rol oynadılar.

Bütün bu süreç boyunca rakipleri, sürekli olarak, İslami hareketin en zayıf noktası olarak gördükleri kadın sorununu kaşıdılar. Buna karşılık İslamcılar, uzun bir süre (en azından 28 Şubat 1997'ye ve 312. maddeden mağdur olmaya başladıkları ana kadar) "inananlara baskı yapıldığı" iddialarını doğrulamak için sadece türban sorununu gösterebildiler.[2]

---

2. Erbakan, RP 4. Büyük Kongresi'ndeki üç buçuk saatlik konuşmasında laikliğe aykırı uygulamalara örnek olarak ilk başta "başörtülü fotoğrafı olan bir hanıma pasaport verilmemesi"ni göstermişti.

Sonuçta İslamcı kadınlar, kendilerini hazırlıklı olmadıkları ölçüde büyük ve ciddi bir çatışmanın içinde buldular. Sonunda direnmeyi seçenler mesleklerini, okullarını kaybederken, direnemeyip itaati seçenler de büyük bir burukluğun içine yuvarlandılar. İçlerinde fiziki ve ruhsal sağlıklarını yitirenler de oldu.

İslamcı Erkeklerle Sistemin İşbirliği

İslamcı kadınların kaybetmeleri kaçınılmazdı. Çünkü kendileri ne kadar güçsüzse sistem de o kadar güçlüydü. Onların sistemle hem İslamcı, hem kadın oldukları için sorunları vardı. Sırf kadın oldukları için diğer sistem karşıtı hareketlerden, sırf dindar oldukları için de diğer kadın hareketlerinden destek bulamadılar.[3]

Üstüne üstlük kendi hareketlerinin mutlak desteğinden de mahrumdular. Çünkü İslami hareketin ana gövdesi sanıldığının aksine, mevcut sistemi devirmeyi filan düşünmüyordu. Ayrıca her zaman, tepeden tırnağa erkeklerin egemenliği altında olmuştu. Dolayısıyla İslami hareketin yükselişi İslamcı erkeklerin yükselişi anlamına geliyordu. Bütün bu süreç boyunca kadınların önü hiçbir şekilde açılmadı. RP kapatılana kadar tek bir kadın bile milletvekili adayı gösterilmedi, belediye başkan adayı olmadı, belediye meclislerine seçilmedi, parti il yönetimlerine getirilmedi. Tek bir kadın cemaat lideri görmedik. Cemaatler adına konuşan kadınlarla da karşılaşmadık. Kadınlara mahsus yayın organları dışında, kadınlara köşeler verilmedi. Ve işin acısı, şu ya da bu nedenle kadınlara da bazı makamlar sunulması zorunlu hale gelince, çekirdekten yetişme kadınların değil de, yeni transferlerin ya da İslamcılıkla ve/veya söz konusu cemaatle ilişkileri tartışmalı kadınların önü açıldı.[4]

Hareketin erkek liderleri, daha fazla oy, daha geniş kitle desteği ve

---

3. Aslına bakılırsa İslamcı kadınların da, uzun bir süre, diğer sistem karşıtı hareketlerden veya feminist çevrelerden "stratejik bir destek" talep ettiklerine tanık olmadık. Çünkü İslamcıların "hak ve özgürlükler mücadelesi"ne toplumun diğer kesimlerini de çağırmaları 28 Şubat 1997'den, o miladi süreçten itibaren yaşanmaya başlayan bir olgu. Hatırlanacaktır, türban sorununun ilk patlak verdiği yıllarda "hak ve özgürlükler mücadelesi" alanı büyük ölçüde solcular ve Kürtler tarafından dolduruluyordu ve bunlar İslamcıların hiç de ilgisini çekmiyordu. Bu tarihte türban, İslami hareketin gündem belirleyebilmede yegâne şansıydı.

4. Örnekler çok: Gülay Pınarbaşı, Filiz Ergün, Afet Ilgaz, Nevval Sevindi, Nazlı Ilıcak, Oya Akgönenç...

dolayısıyla sistemin egemen güçleriyle daha elverişli pazarlık imkânları elde edebilmek için kadınları bir koz, bazı durumlarda da bir şantaj öğesi olarak ortaya sürdüler. Dolayısıyla kadınlar da olmalıydı, ama asla feministlik taslamamalıydılar.[5] Ve erkeklerden izin almadan zinhar sisteme kafa tutmamalıydılar.[6]

İslami Metinlerde Kadın

Türkiye'de İslam-kadın ilişkisi üzerine yazılıp çizilenlerin büyük çoğunluğuna, yukarıda üçüncü sırada değindiğimiz, "İslam'da kadın sorunu yoktur" yaklaşımı egemendi. Birbirinin tekrarı şeklindeki bu çalışmaların neredeyse tamamı erkekler –bazı açıkgözler daha fazla ilgi uyandırmak için kitaplarını kadın isimleriyle piyasaya veriyordu– tarafından kaleme alınıyordu. Bazı ayet ve hadislerle bazı mezhep imamlarının içtihatlarına dayandırılan bu eserlerde kadın, erkeğe bağımlı ve her türlü fitne ve fesatın potansiyeli bir varlık olarak tasvir ediliyor; ancak iyi bir eş, iyi bir anne olması durumunda birtakım haklara layık görülüyordu.[7]

Hidayet Şefkatli Tuksal'ın incelemesine göre bazı hadisler kadınları şöyle tanımlamaktadır: Erkeğin kaburga kemiğinden yaratılmışlardır, eğridirler, düzeltilemezler; akıl ve din bakımından eksiktirler; cehennemin çoğunu oluştururlar; nankör, süs düşkünü, cimridirler; sır tutamazlar; huysuz ve kıskançtırlar; eşlerine ihanet ederler; baştan çıkarıcı, uğursuzdurlar; önünden geçtikleri kişinin namazını bozarlar...

Cihan Aktaş "sokakları da içine alan bir harem/kılıfta yaşamaya zorlanan" İslamcı kadının, kendi deyişiyle "bacı"nın bu kitaplarda nasıl tasvir edildiğini şöyle anlatıyor: "Kadın büyük bir açlıkla ve teslimiyetle okunan ikinci el dini kitaplara göre bir fesat kaynağı gibidir. Ne de olsa kocasının kulu sayılır; ayrıca yaratılıştan yozlaşmaya yatkındır. Bu bakımdan da takvalı ise, fesat kaynağı olmamak için müm-

---

5. Birçoklarının yanı sıra Ali Bulaç'ın "Feminist Bayanların Kısa Aklı" yazısı ve ona tepki olarak İslamcı kadınlar tarafından kaleme alınan yazılara bakılabilir.
6. Fethullah Gülen başta olmak üzere birçok cemaat liderinin, kızların başlarını açmaları için talimat / fetva verirken o kızların geleceğinden çok kendi yapılarının geleceğini, yani sistemle ilişkilerini hesaba kattıkları açıktır.
7. Nihayet bir kadın ilahiyatçı bunları bilimsel ve derli toplu bir şekilde, en önemlisi "kadın bakış açısıyla" inceledi: Hidayet Şefkatli Tuksal, *Kadın Karşıtı Söylemin İslam Geleneğindeki İzdüşümü*, Kitabiyat, Ankara, 2000. Ayrıca bakınız Tuksal'la yaptığımız söyleşi.

kün olduğu kadar sokağa çıkmamalıydı kadın veya çok zaruri nedenlerle çıkıyorsa, kendini çirkinleştirmeliydi. Kara kargalara benzemeliydi. Namahrem erkeklerle konuşurken ağzına ceviz alarak konuşan menkıbe kahramanı evliya kadınların izinde yürümeliydi... Bu yaklaşımları çoğu kez kadınlar, dini bir hassasiyet ve teslimiyet adına belki erkeklerden daha ısrarlı bir dille savundular."[8]

İslami harekette her türden iktidarı ellerinde tutan erkeklerin çoğunun gözünde kadın yaratılıştan "eksik" olduğu için kendini kanıtlamalıydı, bu nedenle rol dağıtımında "örnek müslüman olma rolü" hep kadınlara düştü. Ayrıca İslamcılık-laiklik tartışmaları ve geriliminin de çoğunlukla kadın üzerinden yürümesi nedeniyle dindar kadınlar hep "mükemmel" olma zorunda hissettiler kendilerini.

Fatma Karabıyık Barbarosoğlu, püriten bir İslam anlayışının esas olarak kadınlar için geçerli olmasını, Kuran'daki "Emr-i bi'l ma'ruf, nehy-i ani'l-münker", yani "iyiliği emretmek, kötülükten men etmek" ilkesiyle meşrulaştırıyor:

"Bunun kamusal alandaki kadınlarla ne ilgisi var diye sorabilirsiniz. Çok önemli ve doğrudan bir ilgisi var. Çünkü bütün İslam aleminde olduğu gibi Türkiye'de de kapitalist değerlerin taşınması ve içselleştirilmesinde en önemli set kadınlardır. Bu setin kırılması için zaaf noktaları tespit edilmeye çalışılmaktadır. Bu bakımdan kamusal alana çıkmış tesettürlü kadınlar her türlü bakışın odak noktasında bulunmaktadır."[9]

Paradoksal bir biçimde dindar kadın için hâlâ püriten bir yaşamı vazeden Cihan Aktaş'ın şu tespitlerini de aktarmakta yarar var: "İslami kesimlerin, modernleşmeyle gelen birçok değişikliğin yol açtığı problemlere çözüm aranırken, sanki bu değişmelerden o hiç etkilenmeyebilirmiş gibi, kadının geleneksel konumunun korunmasına, bu korunma tutumunun da bizzat kadının bireysel çabalarına yüklenmesine ilişkin beklenti ve ısrarları, şüphesiz kadına ilişkin efsanevi soyut yargılardan kaynaklandığı kadar, kadının sessizliği ve dilsizliğinden de beslenmektedir."[10]

Bütün bu "İslam'da ve İslami harekette kadının yeri" tartışmalarıyla ilgili olarak Dr. Hidayet Şefkatli Tuksal'la yaptığımız röportajın iş-

---

8. Cihan Aktaş, "Bacıdan Bayana", *Birikim*, Eylül 2000, s. 37.
9. Nazife Şişman, *Kamusal Alanda Başörtülüler, F. K. Barbarosoğlu ile Söyleşi*, İz Yayıncılık, İstanbul, 2000, s. 16-17.
10. Cihan Aktaş, "Bacıdan Bayana", *Birikim*, Eylül 2000, s. 41.

levsel olduğunu düşünüyoruz. Tuksal, Türkiye ve hatta İslam dünyasında ender rastlanan bir çalışmanın sahibi bir ilahiyatçı. Kendisi, Ankara Üniversitesi İlahiyat Fakültesi'nde 1998'de tamamladığı doktora tezinde Hz. Muhammed'e atfedilen rivayetlerde kadın karşıtlığını ele aldı. 2000'de, Kitabiyat Yayınları tarafından *Kadın Karşıtı Söylemin İslam Geleneğindeki İzdüşümü* başlığıyla kitaplaştırılan tez "İslam ve kadın" konusuna, İslam içinden, ama rahatlıkla feminist olarak nitelenebilecek eleştirel bir bakışla yaklaşıyor. 37 yaşındaki Tuksal örtülü olduğu için hocalık yapamıyor, ama aktif üyesi olduğu Başkent Kadın Platformu adına yurtiçi ve dışındaki toplantılarda mekik dokuyor:

İslam ve kadın ilişkisi üzerine çalışmak nereden aklınıza geldi?
HİDAYET ŞEFKATLİ TUKSAL: Ben, kızlarla erkeklerin bir arada okuduğu normal devlet lisesinden yetiştim. O zaman örtülü de değildim, herhangi bir ayrımcılığa uğramadım. Yani erkek arkadaşlarla eşit koşullardaydım. Evde de öyle olduğu için eşitlik hissine alışmıştım. Erkeklerin benden üstün olduğu şeklinde bir fikre hiç kapılmamıştım. İlahiyata gittiğimde çok farklı bir ortamdı, benim de çok farklı bir dönemimdi. Çünkü İslam hakkında hiçbir şey bilmediğim için şöyle düşünüyordum: "İslam hakkında öğrendiklerim bana ne kadar ters gelirse gelsin bunları yapmak zorundayım." Böyle bir teslimiyet anlayışına sahiptim. 12 Eylül 1980 darbesinin hemen sonrasıydı, ilginç bir dönemdi. Ankara Üniversitesi İlahiyat Fakültesi'nde öğrenciler arasında hemen hemen bütün dini cemaatlerin uzantıları vardı. Hocaların birtakım tercihleri vardı ama cemaatlerle bağları yoktu. Yani o zaman cemaatlerden daha hocalar yetişmemişti. O ortamda kızlar çok garip bir konumdaydılar. Öncelikle konuşmaları çok abes karşılanıyordu. Erkekler şöyle düşünüyordu: "Kızların asli görevleri anneliktir; üniversite okumalarına da gerek yoktur. Hadi diyelim ki bir cahillik etmişler ya da cüret göstermişler, o zaman burada bizi çok az rahatsız etsinler, bize karışmasınlar, varlıklarını belli etmesinler."

Örneğin ben okula ilk olarak etek-ceketle ve örtülü bir şekilde gitmiş olmama rağmen yeterince örtülü olmadığım hissine kapılmıştım. Ve hemen, annemin muhalefetine rağmen zorla bir uzun pardesü diktirdim. İlk iki yılım İslami denen her türlü zor şeyi uygulamakla geçti. Buna tarikata girmek de dahil. Halbuki ailem benim için çok erken olduğunu söylüyordu. Ama biz hep "yarın ölebiliriz" duygusuyla her

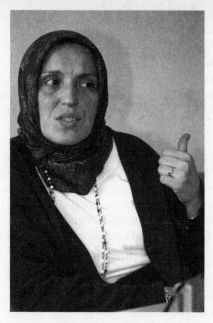

Hidayet Şefkatli Tuksal

ânımızda mükemmel bir müslüman olmaya çabalıyorduk, ertelemeye vaktimiz yoktu. Bu anlayış hepimizde çok baskındı. Hâlâ bazı gençlerde bu anlayışı görüyorum. Örneğin akşam ezanı okunuyor, bazı arkadaşlar hemen kılmaya kalkıyorlar. Niye? "Ya beş dakika sonra ölürsem, akşam namazını kılmadan ölmüş olurum..."

Neyse böyle bir hassasiyet dönemi geçirdim. Fakat bu arada liseden kalma araştırmacı mantığımı kaybetmemiştim. Ders dışında İslam'ı araştırdım. İkinci sınıfta Kuran çalıştım. Bu, beni biraz daha özgürleştiren bir süreç oldu, başka arkadaşlarımı da. İnsanlar zor olanı yaptıktan sonra "Ben bütün bunları yaptım da ne oldu?" diye soruyorlar: "Erkeklerle tokalaşmayı bıraktım, ne oldu?.. Bu kadar uzun giyindim, ne oldu?" Yani "ne işe yaradı bütün bunlar" diye düşünmeye başlıyorsun. Bunları hiç yapmadan eleştirdiğinizde "mazeret arıyor" gözükebilirsiniz. Ama yaptıktan sonra ne olduğunu ya da ne olmadığını görüyorsunuz. Sonra daha da özgürleşiyorsunuz.

Üçüncü sınıftan sonra özgürleştiğimi düşünüyordum. Yani okuldaki o etkin görüşlerin baskısından kurtuldum. O güne kadar kızlar okulda derslere aktif biçimde katılmıyor, konuşmuyor, sessiz bir şekilde yaşamaya çalışıyorlardı. Ondan sonra biz etkin olmaya başladık.

Kaç kişiydiniz?
Çok kalabalık değil, birkaç kişi. Birkaç kişinin bile bu çemberi kırmasıyla okulda bir dönüşüm yaşandı. Arkadaşlar bizim tavırlarımıza alıştılar. Kendilerine yönelik bir şey olmadığını anladılar.

Belki sizi "mahallenin delisi" olarak görmüşlerdir...
Hayır, öyle değil. Güçleri yetmiyordu. Onlar kadar iyiysek, hatta onların çoğundan iyiysek yapacakları bir şey yoktu. Zaten korkularınız insanlara cesaret veriyor. Siz korkmuyorsanız onların da size hükmetme cesaretleri olamıyor. Bugün İlahiyat çok daha rahatlamış durumda. Kızlarla erkeklerin birlikte kulüpleri var. Kızların düzenlediği bir sürü faaliyet var. Çok rahat arkadaş grupları halinde oturuyorlar.

Sizi bu araştırmaya ne yöneltti?
Aslında başlangıçta böyle bir araştırmaya ihtiyaç duymamıştım. Kişisel bazda kısıtlı yaşamadığım için o varolan teorik söylem beni pek fazla etkilemiyordu. Daha doğrusu öyle zannediyordum. Ama şimdi geriye baktığımda şunları görüyorum: Diğerleri gibi başarılı bir öğrenci olmama rağmen, ne asistan olarak okulda kalabilmeyi, ne master, doktora yapabilmeyi hayal dahi edememiştim. Bu, düşünülemeyecek bir şeydi. Neredeyse yirmiye yakın erkek sınıf arkadaşım şu anda çeşitli üniversitelerde öğretim üyesi. Onlar o zamanlardan bunu planlayabilmişlerdi ancak biz kızlar bunu düşünemiyorduk. Hem başörtüsü sorunu vardı, hem de okuldaki hocalarımızın böyle bir konuda esneklik göstermelerini ummuyorduk. Zaten hocalarımızın tümü erkekti, bir tek Beyza Bilgin dışında, ki onun da erkek hocalardan pek farkı yoktu. Fakat terörün sona ermesiyle birlikte dersler düzene girdi ve hocalar güç kazanıp daha da rahatladılar. Bir de Özal döneminin "İslam'la barışma" süreci bizim hocalarımızı da değişik arayışlara sevketti. Benim doktora sınavına girdiğim 1989'da yirmiye yakın kız öğrenci yüksek lisans ve doktoraya kabul edildi.

Özal, kendi arayışında sizin okuldan epey bir destek almıştı galiba.
Evet. Hilton'da bir toplantı yapmışlardı. İslami Araştırmalar dergisini çıkaran arkadaşların bir iftarı olmuştu. Özal oraya gelmişti. Hoca-

larımız da muhafazakâr insanlardı, ama onlar da oturup düşünmeye başladılar: "İyi tamam. Şunu yaptık, bunu yaptık da ne oldu? Nereye gidiyoruz?" Neticede kendi birikimimize, hayata karşı tavrımıza ve dindarlık biçimimize yönelik kapsamlı bir araştırma, tefekkür ve özeleştiri süreci başladı.

1990'da mı?
Evet 1990'larla birlikte bu başladı. Ayrıca İlahiyat'taki arkadaşlar hem çok okurlar, hem de çok yönlü okurlar. Örneğin o dönemdeki Fazlurrahman çevirileri önemli tartışmalar başlattı. Bu birçoğumuzun önünü açtı, "demek ki düşündüklerimizin felsefi temelleri varmış," diye rahatlamamızı sağladı.

Doktoraya başladığınızda aklınızda kadın konusu var mıydı?
Hayır. Usul (metodoloji) çalışmak istiyordum. Kadın üstüne çalışmak istediğinizde, önyargılı bir şekilde "aşağılık kompleksiniz yüzünden" diyebiliyorlardı.

Açıkça mı?
Açıkça söyleyenler de vardı, ima edenler de. Kadın konusunda çalışmayı hiç düşünmüyordum, fakat o dönemde İmam Hatip'te öğretmenliğe de başlamıştım ve çok büyük şaşkınlıklara uğradım. Öğretmen ve yönetici arkadaşların çoğu taşra kökenli erkeklerdi. O yıl ilk defa çok sayıda başörtülü öğretmen gelmiş o okula. Tabii örtülü olmayan bayan hocalar da var. Onlar açık bayanlarla nasıl iletişim kuracaklarını biliyorlar, fakat bizimle nasıl olacağını bilmiyorlardı. Çünkü diğerlerine karşı medeni kurallara uymaya özen gösterirken, bizler için özel bir statü bulmaları gerektiğini düşünüyorlardı. Sonradan iyi arkadaşlar haline geldiysek de başlangıçta büyük sıkıntı yaşadık. Bizi nereye oturtacaklarını bir türlü bilemediler: "Öğretmen mi bunlar, yoksa öğrencinin biraz üstünde birileri mi?" Bir de sınıflarda güncel konuları konuşuyor, mesela son sınıftaki kızlara "imam nikâhı yerine resmi nikâh isteyin" diye akıl veriyoruz. Bunlar da okulda epey kıyamet koparıyor. Vay efendim "modernist kadınlar gelmiş. İmam nikâhına karşı çıkıyorlar. Kızların kafalarını karıştırıyorlar," diye bize bir muhalefet başladı. Müdürümüz oldukça sert davranıyordu. Neticede biz iyice takışan muhalif cepheler olduk.

Onlara göre bizim maaş almamız da olacak şey değildi. Çünkü çoğunun eşi çalışmıyordu. Kimi arkadaşların eşlerine "sen de mi hanım parası yiyorsun?" diye takılıyorlardı. Çocuklarımız nedeniyle izin veya sevk almak istediğimizde sorun çıkıyordu. Bizim kendileriyle eşit konumda, hatta master-doktora yaptığımız için kariyer olarak daha iyi durumda olmamızı zannederim anlayamıyorlardı. Benim eşim de ev ortamında rahatına düşkün klasik Türk erkeğidir, bu yüzden sorunlar yaşadığımız zamanlar oluyor. Fakat insan sevdikleri söz konusu olduğunda bunu daha kolay hazmedebilir belki, ama çalışma hayatında bunların olması kabul edilebilir bir şey değil.

Örneğin ben pantolon giyiyorum diye bana, "Peygamberimiz Hz. Ayşe'ye, kendi terliklerini giyme izni vermemiş. Sen nasıl bir erkek kıyafeti giyebilirsin?" diyorlardı. Veya içlerinden biri, "sen şu bayana 'makyajla namaz kılınabilir' demişsin?" deyince "Evet, ne olmuş!" cevabını verdim. O da "nasıl veriyorsun böyle fetvaları?" diye şaşırdı. Baktım ki erkekler bu gücü hep o belirli hadislerden alıyorlar. Yani kadınlar, "eksik akıllı, eksik dinli" yaratıklardı. İşte o zaman "usul çalışmayı boşver" dedim kendime.

Erkek egemen fetvalara karşı siz kadın bakış açısıyla fetvalar geliştiriyormuşsunuz...
Evet de o zaman "erkek egemen" diye nitelendirmiyorduk. Pratikteki sonuçları görüyorduk. Örneğin imam nikâhıyla evleniyorlar, bir flört dönemi yaşanıyor. Bu dönemde erkekler çok da talepkâr oluyorlar. Çünkü "sen Allah'ın emriyle karımsın. Senden her şeyi istemeye hakkım var," diyorlar. Fakat aralarındaki en küçük anlaşmazlıkta, erkeğin gururuna yönelik en küçük bir sıkıntıda "Tamam, bitti bu iş. Güle güle" diyorlar.

Birtakım kitap ve dergilerde, okullar bittikten sonra erkeklerin boşadığı çok sayıda kadın örneği anlatılıyor...
Ben çok sayıda tanık olmadım, ama az da olsa çok önemlidir. İmam nikâhı Hz. Peygamber zamanında bir kurumsallaştırma girişimiydi, çünkü erkekler hiçbir zaman nikâhtan veya nikâhsızlıktan dolayı zarara uğramıyorlardı. Kadının, miras, nafaka, çocuğun velayeti gibi haklarını korumak gerekiyordu. Bu yüzden önemliydi. Ancak İslami kesimlerde bu gibi gerekçelerle değil, "karşı cinslerin konuşması haramdır. Konuşmaları için nikâh gerekir," gibi mazeretlerle dini nikâh savunuluyordu. Biz de "Hayır, konuşmak haram değil, bunun için nikâha ihtiyaç yok. Konuşsunlar. Görüşebilirler. Nikâh ciddi bir şey. İmam nikâhının da hiçbir bağlayıcı, kadının haklarını koruyucu tarafı

yok," diyor ve kızlara, "imam nikâhına güvenmeyin. Böyle bir şeye ihtiyaç duymayın. Resmi nikâh yapın," öğüdü veriyorduk. Tabii belki şunu da söylemek gerek: Evlilik gibi kutsiyet atfedilen önemli bir işte, resmi nikâhın dinden ve dini ritüellerden arındırılmış olması da, insanların dini nikâha yönelmelerinde haklı bir arayış olarak görülebilir.

Kitabın en çarpıcı cümlelerinden birini aktarmak istiyorum: "Fıtraten sorunlu olarak yaratılan kadın, bu defolu yaratılışla kulluk müsabakasına neredeyse hükmen mağlup bir statüde başlıyor."

Ben pratikten çok teoriden hareketle bu saptamayı yaptım: İncelediğim hadis rivayetlerine göre, kadın erkeğin kaburga kemiğinden yaratılıyor. Erkek düzgün, ama kadın eğri. Hadislerin yorumlarına baktığınızda, "Onu düzeltmeye çalışmayın, zaten düzelmez. Eğer bu eğrilik onu haram işlemeye sevkediyorsa o zaman uğraşın," diyor âlimlerimiz. Halbuki Allah Kuran-ı Kerim'de diyor ki, "Benim indimde en değerliniz, en takvalı olanınız, yani sakınma bilincine en çok sahip olanınızdır." Ölçüt bu. Eğer kadınlar gerçekten böyle eğri/sorunlu yaratılmışlarsa bu bilinci yakalayamayacaklar, yeterince yakalayamayacaklar, demektir. Bu anlayışı yansıtan rivayetler bütün güvenilir hadis kitaplarımızda yer alıyorlar. Bu kitaplar müslümanların nazarında çok önemli ve dinin temel kaynakları statüsünde. Geçmişte ilmi tartışmalara açık birer bilimsel eser olarak görülmüş olsalar da, İslam düşüncesinin donuklaşmaya başladığı zamanlardan beri bu eserler bir tür dokunulmazlık ve yanılmazlık zırhıyla kuşatılmışlar. Bir de bu rivayetlerin açıklamalarını yapan çok ünlü âlimler var. Onların yorumları da bu hadisler kadar etkili olmuş. Onların açıklamalarına baktığınız zaman neredeyse hiç kurtaramıyorsunuz. Çünkü şöyle diyorlar: "Kadın erkek için yaratılmış bir varlık." Hadislere bakıyorsunuz, erkek için hizmetçiden, kılıçtan, attan ve kadından bahsediliyor. Yani dört tane hayatı kolaylaştırıcı öğe var; kadın bunlardan bir tanesi. Kadının asli varlık olarak kabul edildiği tek alan Allah'a kişisel kulluğu, yani ritüeller alanı. Bir de anne olduğunda, kocası için değil ama evladı için önemli bir varlık olarak kabul edilmesi söz konusu...

Zaten kadının özne değil nesne olarak görüldüğünü yazmışsınız...
Maalesef öyle.

Siz bu çalışmanızda bu rivayetlerin doğru olmadığını mı, yoksa bu rivayetlerin Kuran'ın ve İslam'ın aslına uygun olmadığını mı göster-

meye çalıştınız?

Aslında ikisini de yapmak için yola çıktım, ama yapabildiğimi zannetmiyorum. Bunlar asılsız çıksın diye çok dua ediyordum, ama olmadı. O yüzden sorun var zaten. Bir sene yoğun bir şekilde sırf Kuran üzerinde, onun kadına yönelik bakış açısını yakalayabilmek için çalıştım. En azından "bunlar Kuran'a aykırı" diyebileyim istedim. Neticede bunların pek çoğu Kuran'ın genel yaklaşımı ve ruhuna çok aykırı olsalar da, Kuran'da gerçekten ataerkil bir fonun varlığını fark ettim. İşte bu fon insanları çok yanıltıyor. Bu bağlamda, tam da Fazlurrahman'ın dediği gibi şunu gördüm: Kuran-ı Kerim, o gün orada yaşayan Arapların zihinlerine hitap ediyor. Onların kelimeleriyle konuşan, belki onların kelimelerine aşkın anlamlar yükleyen, ama onların pratiklerini, düşünce dünyalarını yansıtan ve İslam'ı bu semboller üzerinden anlatan bir tavrı, üslubu var. Dolayısıyla bu sembollerin ve bu ataerkil fonun tarihsel tarafını ihmal ettiğinizde, hedefleri ve amaçları gözden kaçırıp kelimelerle anlatılan her şeyi bütünüyle dinden saymanız gerekiyor. Bu durumda da sorun çıkıyor. Örneğin miras konusunda, erkeğin kavvamlığı noktasında, eşitlik konusunda, özetle pek çok konuda sorun çıkıyor. Örneğin bu araştırmaya başlamadan önce "eşinizi şu durumlarda dövebilirsiniz" şeklindeki ayeti hiç düşünmek istemezdim. Bu ayet yokmuş gibi davranmak isterdim. Çünkü açıklamasını bulamıyordum. Bizim modern bilincimizle böyle bir şeyi kabul etmemiz mümkün değil, ama bu ayet var.

Kimileri İslam'da kadının mutlak bir şekilde ezildiğini kanıtlamaya çalışırken, bir başka grup da İslam'ın aslında kadına en geniş hakları tanıdığını iddia etti. Siz bambaşka bir yol izliyorsunuz.

Evet, çünkü kafamdaki bir şeyleri doğrulamak değil, gerçekten neyin ne olduğunu bilmek istiyordum. Kuran'a "evet o ayetler var, ama şunlar da var" diye baktığınızda çok özgürleştirici oluyor. Çok daha fazla analizle Kuran'ı anlamaya çalışmamız lazım. O günkü insanların zihniyetini, Kuran'ın onlara ne kattığını anlamamız da gerek. Kuran'da bugünkü anlamda eşitlik söylemi yok. Olmasının da mümkün olmadığını düşünüyorum, çünkü eşitlik, kadınların da, bir dizi mücadeleden sonra iktidar araçlarına ulaşabilmeleriyle pratik hayatta boyvermeye başladı. Kuran'ın indiği dönemdeyse kadınların iktidar araçlarına uzanabilmeleri çok güç olduğu için, kadınların böyle bir arayışları da olmadığı için, eşitlik söylemi ortaya çıkamıyor. Çünkü savaşlarda çok sayıda erkeğin öldüğü o dönemde kadınlar aç kalmamak için erkeğin himmetine zaten muhtaçlar. Bu nedenle erkeklere kendilerini kabul ettirebilme derdindeler. Onun için Kuran'da boşanmayla ilgili hükümlerde kadına anlaşma tavsiye ediliyor. Ama bütün bunlara rağmen Kuran, sırf rızık endişesiyle çekilmez bir evliliğe katlanmayı da reddediyor.

Ama bugün eşitlik kaçınılmaz.
Gene ortamına bağlı. Eğitim düzeyi düşük olup, başta ekonomik açıdan olmak üzere birçok açıdan kocasına bağımlı olan kadın zaten eşitlik istemiyor, çünkü eşitlik için fazladan gayret sarfedeceğine kocasıyla gurur duymayı tercih ediyor. Geçenlerde Doğu'daydım, bir üniversitenin rektörlük seçimleriyle ilgili olarak iki adayın hanımlarının adları zikredilerek "Ayşe mi kazanacak, Fatma mı?" diye soruluyordu. Rektör olacaklar erkek, fakat savaşı kazanacak olanlar kadın!

Kitapta "mümin kadının cenneti neden bir başka kulun subjektif rıza anlayışına endekslenmiştir?" diye soruyorsunuz...
Evet, çünkü "kadın, kocasının rızasını almadıkça cennete gidemez" şeklinde rivayetler var. Halk arasında çok yaygın ve kadınlar tabii ki bunlara inanıyorlar. Siz dini pek bilmiyorsanız ve size dini öğreten kişi bunu söylüyorsa, inanmaktan başka çareniz var mı?

Çokeşlilik konusunu da eleştiriyorsunuz. Bu günümüz Türkiyesi'nde hâlâ etkili mi?
Çokeşlilik Türkiye'ye özgü bir şey değil, bütün dünyada var. Batı'da belki cinsel özgürlük adına yaşanıyor bu. Erkeğin rahat olduğu, ekonomik gücü elinde bulundurduğu, kadınlara ulaşma yollarının çok kolay olduğu ve bunların ayıplanmadığı bütün toplumlarda çok yaygın bir şey. Batı toplumlarında çokeşli kadınların bile ayıplanmadığı görülebiliyor. Hatta tekeşliliğin insanı körelttiğini iddia edenler çıkıyor. Türkiye'de kadınların çokeşlilikten, en azından gurur ve onurlarının zedelenmesi açısından çok zarar gördüklerini düşünüyorum. Ancak bir erkeğin başka birisiyle birlikte olmasını engellemenin yolu olmadığını da biliyorum. Böyle bir durumla başa çıkabilmeleri için, ben kadınların hem maddi hem de manevi açıdan güçlendirilmesi tezini savunuyorum. Örneğin eşleri zenginleşen bazı arkadaşlarım var, çok korkuyorlar. Onlara şöyle diyorum: "Niye kendinizi bu kadar çaresiz hissediyorsunuz. Güçlü olun. Böyle bir evliliği istemiyorsanız hayır diyebilme gücünüz olsun. 'Şu riskleri göze alıyor musun, beni kaybet-

meyi göze alıyor musun' diyebilin. 'Allah izin vermiş, ben de izin vereyim' demek zorunda değilsiniz." Çokeşliliğin yaygın olduğu yöre ve ülkelerde kadınların kendilerine özgü ilginç savunma mekanizmaları geliştirdiklerini gözlüyorum. Ancak bizim çevrelerimizde sorun var. Çünkü kadınlar tek bir eşle hayatlarının sonuna kadar birlikte olma beklentisi ile evleniyorlar. Bu yüzden eşlerine çok bağlanıyorlar ve hayatlarının merkezine eşlerini koyuyorlar. Hatta bir tür mülkiyet duygusuna bile kapılıyorlar. Sonra bir gün başka bir kadının gündeme gelmesi halinde, bütün dengeler yıkılıyor ve kadının hayatı altüst oluyor.

Belli bir yoksulluk dönemini kendi kafalarına ve yaşlarına uygun eşlerle geçiren erkeklerin belli bir statüye geldikten sonra, onların üzerine genç kumalar getirdiği söylenir hep...
İslam çokeşliliğe izin verdiği için bazı genç kızlarımızda bir rahatlık var. Hele günümüzün köşe dönmeci zihniyetiyle yetişmiş bir genç kız, niye fakir bir gençle evlenip sıkıntı çeksin. Onun yerine, olgunlaşmış, ruhu ve fiziği güzelleşmiş ve maddi sorunları olmayan erkekleri tercih ediyorlar. Bunlara, ikinci olmanın, tercih edilmiş olmanın gururu da ekleniyor.

Nasıl bir gurur bu?
Adamın eşi var, kurulu düzenini riske atıp onunla evlenmeyi göze alıyor!

Ama resmi nikâhın ilk eşle sürdüğü söyleniyor...
Hayır, ikinci hanım eğer güçlüyse yasal bağ da ona geçiyor. Bence zaten baştan bunu planlıyorlar. Belki ilk başta bunu söyleme cesareti gösteremiyorlar ama zamanla durumu lehlerine çeviriyorlar.

Arkadaşlarınıza "Ayakta dik durun. Gerekirse boşanın" mı diyorsunuz?
Evet, gerekirse boşanın. Bu sizi çok rencide edecekse sürdürmek zorunda değilsiniz. Siz de başka evlilik yapabilirsiniz. Bizim hanımlarımız ise genellikle demin anlattığım sebeplerle, böyle bir şeyi akıllarından geçirmeyi bile çok abes buluyorlar. Eşleri de öyle. Zaten biraz da bunun rahatlığı var. Ancak bir gün bir arkadaşım şunu anlattı: Sabah namazını kıldıktan sonra dua ederken "Allahım beni de, eşimi de nefsimizin kötü arzularına uymaktan koru," demiş. Bunu duyan eşi irkilerek, "kendin için de mi böyle dua ediyorsun?" diye sormuş. Ar-

kadaşım "Senin nefsin var da benim yok mu, tabii ki kendim için de dua ediyorum," deyince, eşi bunu duymaktan hiç de hoşnut olmadığını belirten şaşkın bir yüz ifadesiyle kalakalmış. Ayrıca, yine böyle bir ikinci evlilik hikâyesinde, kocasına üç kızını bırakıp gideceğini ve başkasıyla evleneceğini söyleyen bir arkadaşımız da var. Neticede kocası bu kadar çok sorun çıkacağını görünce, girişiminden vazgeçti. Asıl mesele de bu zaten. Onlara bu işin bir bedeli olduğunu göstermek gerekiyor.

Başka birisiyle evlenmek için ayrılan kadın da oluyor mu?
Bir tane duydum ve çok ayıplanıp kınandığını biliyorum. Ben de kınayanları kınadım. Çünkü erkekler bunu her zaman yapıyorlar, kimsenin kınadığı yok. O yapılan düğünlere cümbür cemaat, bütün beyefendiler ve hanımefendiler gidiyorlar, ama bu iş bir hanımın başına gelince toplum dışı bırakılıyor.

Bu noktada kitapta kadının potansiyel cinselliğinin suçlanıp erkeğinkinin kutsandığı yolundaki bölüme gelmek istiyorum. Bu çok cüretkâr bir saptama.
Bu, bir hadise atfen çıkmış bir saptama. "Dininiz ve aklınız bu kadar eksik olduğu halde, akıllı, olgun adamları bu kadar kolayca baştan çıkarıyorsunuz" şeklinde bir hadis rivayeti bu. Bunun sonucunda "her kadın potansiyel bir fitnedir ve düşünceleri şeytana çok yakındır" yorumları yapılıyor. Zaten şu türden açıklamalar da yapılıyor: "Aslında bir erkek için kadın bir felakettir. Mal-mülk ister, kıskançtır; erkeği ilimden, Allah'a ibadetten alıkoyar; en kötüsü bu kadar belalı olduğu halde erkek ondan vazgeçemez."

Halbuki realiteye baktığımızda şunu görüyoruz. Bu tür yorumların yapıldığı dönemlerde kadınlar sıkı sıkı örtünüyorlar. Erkeklerle görüşmüyorlar. Okumuyorlar. Evlerde yaşıyorlar. Cinsel açıdan günah işleyebilecekleri ortamlar zaten kısıtlanmış durumda. Yani hiçbir şey yapmıyorlar, ama hâlâ onlardan korkuluyor. Neden? Çünkü onları "potansiyel fitne" olarak görüyorlar. "Yazı yazmayı öğretirsin, sevgilisine mektup yazar. Balkona bırakırsın kaş-göz işareti yapar," diyerek korkuyorlar. Üstelik bu korkularını hadis haline getirip, ölümünden asırlar sonra Peygamber'e söyletiyorlar.

Kitapta kadına, "hain, nankör, kıskanç, cimri, lükse düşkün, huysuz, sırları ifşa eden" gibi olumsuz sıfatların yakıştırıldığını, bunların

kadınlara özgü karakter zaafları olarak gösterildiğini söylüyorsunuz.
"Hadislerde erkek" diye bir araştırma yapmadım, ama kadınların durumuna ilişkin hadisleri ortaya çıkarabilmek için epey hadis okumam gerekti. Bu sıfatların özellikle erkeklere de yakıştırıldığına rastlamadım. Hadislerde kadınlar için bu tür özelliklerin kimi zaman tek başına, kimi zaman arka arkaya sıralandığını gördüm. Zaten kadını "eğri" ve ahlaki açıdan "sorunlu" biri olarak kabul edince bu sıfatları ona yakıştırmak çok kolaylaşıyor.

Kendinizi nasıl tanımlıyorsunuz? Feminist misiniz?
Feminizmin temel yaklaşımları açısından bakıldığında, kadın bakış açısına sahip bir insanım. Çünkü epey okudum ve o bakış açısına bir kez sahip oldunuz mu, vazgeçmeniz de zor oluyor. Ama feminizmde çok ayrımcı, erkekleri dışlayıcı, yok sayıcı, neredeyse ilişkileri bütünüyle koparıp ayrı bir dünya yaratmayı hedefleyen bir söylem gelişti. Ben bu çizgiyi makul görmüyorum. Ne olursa olsun, babalarımızla, kocalarımızla ve oğullarımızla birlikte yaşamak zorundayız. Ama varolan sistemleri, pratikleri, dini doğru anlayabilmek için kadın bakış açısına mutlaka sahip olmak gerektiğine inanıyorum. Özetle olan biteni kadın gözüyle yorumlama derdinde olan bir insanım.

Size feminist diyorlar, değil mi?
Diyorlar ve aslında rahatsız da olmuyorum. Yalnız Türkiye'de feminizmin anlaşılmasında sorunlar var. Bu lezbiyenlik olarak da anlaşılabilir ki ben öyle değilim. Veya erkek düşmanı olarak anlaşılır. Türkiye'de içleri doldurulmadığı için bu kavramlardan çekinmiyor da değilim. Kadın bakış açısına sahip olmam, bence dindar kişiliğimi zenginleştiriyor, düzeltiyor.

1980 ortalarında Türkiye'de İslami kesimde feminizan bir arayış vardı. Bugün hangi noktaya gelindi?
Türkiye'de o dönemde büyük bir çeviri furyası oldu. Sözünü ettiğiniz ve çoğunu tanıdığım bu arkadaşlar bütün o kaynaklardan beslendiler. Ortak kaynaklardan ortak düşüncelere ulaşılması normal. Yalnız Batılı feministlerle Türkiye'dekilerin eserleri arasında fark var. Türkiye'dekiler hep taraf tutarlar. Ya kemalist feministtirler, ya solcu feministtirler ve bir şekilde hep birilerini dışarda tutmaya çalışırlar. Kendi ideolojik kimliklerini, niyeyse, belki feministliklerini meşrulaştırmak için, mutlaka ortaya koymaya çalışırlar. Sonuçta siz onların yazdıkla-

rını okurken, ne kadar aynı şeyleri savunduğunuzu düşünseniz de o insanın sizi dışladığını, sizi istemediğini anlarsınız. Ama Avrupa ve Amerika feministlerini okurken böyle bir sıkıntınız yok, çünkü onlar daha kapsayıcı. Onlar için tek bir düşman var. Dolayısıyla Batılı eserler bizim üzerimizde daha çok etkili oldu, onlardan beslendik.

1980'li yıllarda herkes yeni evlendi, iş hayatına atıldı, anne oldu; yani hayatın gerçek yüküyle, pratiğiyle o yıllarda tanışmaya başladılar. Arkadaşlarıyla evlendiler ve onların da birer klasik Türk koca olduğunu, belki onlarla aslında hiçbir şey paylaşmadıklarını gördüler. İş hayatında erkeklerin tercih edildiğini, hamile kaldıkları için ayıplandıklarını gördüler. Bütün bunlar içinde bulundukları anadamarlarla hesaplaşmalarını beraberinde getirdi. Bazı ülkücü hanımlar biraz daha çabuk hesaplaştılar. Hepsi değil ama, 1980'lerde çalışmaya başlayan grup. Öbür kesim, daha çok eve kapanan bir yaşam sürdükleri için teslimiyetçi çizgilerini sürdürdüler; en azından geç kaldılar. Kadın konusunda teorik hesabı verilmemiş onca değişmeye ve gelişmeye rağmen, hâlâ bugün bir kadının "ben feminist düşünceye yakınım" diyebilmesi bizim camiada büyük cesaret gerektirir.

Ama çok sayıda kadın kuruluşu var İslami camiada...
Evet var. Bizim kurucuları arasında olduğumuz Başkent Kadın Platformu da bu kuruluşlardan biri. 1995'te kurulduğumuzdan beri, sadece kadın sorunlarıyla ilgileniyor ve hem dine hem de kadın bakış açısına uygun politikalar geliştirmeye çalışıyoruz. Platform yapı itibarıyla, bağımsız girişim gruplarının yanı sıra, bazı vakıf ve derneklerin kadın temsilcilerinden oluşuyor. Dolayısıyla kullandığımız dil ve yöntem aramızda genellikle uzun tartışmalara neden olabiliyor. Çünkü kimseyi tedirgin etmeyecek bir yol bulmak zorundayız. Bizim arkadaşlarımızın taşıdığı endişeleri, diğer kadın kuruluşları da fazlasıyla taşıyorlar. Bu yüzden her fırsatta feminist olmadıklarını vurgulama ihtiyacı duyuyorlar, çünkü dışlanmaktan gerçekten çekiniyorlar. Başka kesimden bir hanımın bir şeyleri söylemesiyle, aynı şeyleri örtülü, bizim kesimden bir kadının söylemesi çok farklı. Bizden birisi söylediğinde "Bunu nasıl yapar? Bu kadar kişi bizi dışarıdan vurmaya çalışırken bunlar da hainlik yapıp bizi içten vurmaya çalışıyor," diye tepki alabilir.

RP Hanım Komisyonları olayı yaşandı. Binlerce kadın parti için seferber edildi, toplumsallaştırıldı, ama diğer yandan önleri kesildi.

Zaten o hanımları hiçbir zaman ümitlendirmemişlerdi. Kocaları belki ümitlendi. Parti içinde yükselmelerini kolaylaştırmak için hanımlarının etkin çalışmasına bel bağlayanlar oldu. Yani kadınlar kendileri için değil, ya sadece Allah rızası için ya da kocalarının yükselmesi için çalıştılar orada. Zaten RP yıllarca kadınların etkin karar mekanizmalarına gelemeyeceği tezini savundu. Bu da bir hadis rivayetine dayalı olarak savunuldu ve kadınlar da buna iman etmişlerdi. Başka türlü olamayacağını, aksi takdirde günaha gireceklerini düşünüyorlardı. Ama son dönemdeki Merve olayını bazı partililer bana şöyle aktardı: "FP'li yönetim aslında örtülü aday istemiyordu, ama tabandaki kadınlar çok baskı yaptı. Bizi Nazlı Ilıcak ile Oya Akgönenç gibi kişiler temsil etmez dediler."

Kitabınız İslami camiada nasıl karşılandı?
Ben bu çalışmayı sekiz senede tamamlayabildim. Doktoraya başladığımda okuldaki arkadaşlarla ilişkimiz çok mesafeliydi. Biraz fazla konuştuğumda "size abla diyebilir miyiz?" diyenler oldu. Sanki arkadaşlık makul bir şey değil de bunu bir abla-abi ilişkisine getirmemiz gerekiyormuş gibi. Fakat zamanla, benim bu konudaki görüşlerimi de bildikleri için aramızda bu arkadaşlık kavramını geliştirdik. Benim bu kitabımı da onlar yayımladılar. Kendileri de kadınlar adına birçok şeyden rahatsızdılar. Onlar da değiştiler. Örneğin bu kitaptaki bütün hassasiyetleri onlarla paylaşabiliyorum. Kitabın ilahiyat fakültelerinde çok satıldığını duydum. Tartışma konusu yapılmış. Bazı derslerde bazı bölümleri okunmuş. Beni arayıp soruyorlar. Özellikle kız öğrencilerin çok büyük sevinciyle karşılaştım. Onlar da birçok şeyin yanlış olduğunun farkındalar, fakat izah etme ve dile getirmede zorlanıyorlar. Daha önemlisi bunu ağırlığının altından nasıl kalkabileceklerini bilemiyorlar. Bu kitap herhalde onlara bir yöntem gösteriyor.

Birçok yerden davet alıyor olmalısınız?
Evet çağırmaya başladılar, gidiyorum.

Sorun çıkmıyor mu?
Çıkıyor. Mesela bir yerde dinleyiciler toplantının sürmesini isterken beni davet edenler, tartışma çıkmasından korktukları için bir an önce bitirmek istediler. Artık çok geleneksel görüşleri savunmak pek makbul bir şey sayılmasa da, aile kurumundaki hiyerarşi vazgeçilmez bir statü olarak korunmaya çalışılıyor. "Erkeğin astığı astık, kestiği

kestiktir," demekle bir yere varılamayacağını artık herkes biliyor. Şimdi "iş hayatında kadın-erkek eşit olmalı, ama evin reisi de erkek kalmalı. Bu Kuran'da var, değişemez," gibi şeyler söylüyorlar. Biz de tartışıyoruz.

Kızlar herhalde size içlerini döküyorlardır. En çok neden şikâyet ediyorlar?
Aynı dertler. Erkek arkadaşlarının üzerlerinde baskı kurma niyetlisi olduklarını; kendilerinin onları çok takmayan hallerinden rahatsız olduklarını; hatta erkeklerin kendilerini "bu gidişle evde kalırsınız," diye uyardıklarını söylüyorlar. Fakat onlar daha şanslılar. Daha iyi bir döneme denk geldiler.

Belki de İslami hareketin yenilgisiyle gelen genel bir demokratikleşme yaşanıyor. Artık büyük iddialara sahip cemaatler ve partiler kalmadı. RP-FP demokrasi savunur oldu. Bunların etkisi olabilir mi?
Çok etkisi var, ama ben ona yenilgi demiyorum. RP hayatla tanıştı. İktidara geldiği zaman birçok şeyi yapamayacağını zaten gördü. İktidarda kalsaydı çok daha iyi olacaktı; neleri yapıp neleri yapamayacağını herkes birlikte çok daha iyi görecekti, ama bu kadarı da yetti. 28 Şubat süreci bence Türkiye için çok büyük bir talihsizlik. Dindar kesim, tam da demokrasiye adapte olmak zorunda olduğunu hissederken, bunu anlamışken demokrasiye darbe vuruldu. Gerçi demokrasiyi savunmak meşrulaşmış oldu ama çok şeyin de önü kesilmiş oldu. Cemaatlerin etkisi gene güçlü, fakat partinin etkisi zayıf ve insanlar demokrasiye olan ihtiyaçlarını kavradılar.

Kendime bakacak olursam, ben yirmi yıldır başörtüsü sıkıntısını yaşıyorum. Benim gibi sıkıntı çeken başka insanlar var; onlara empati duymama, onlarla ilgilenmeme yol açtı bu yaşananlar. Bunların bir kısmı cezaevinde, bir kısmı marjinal görüşlere sahip, bazıları eşcinsel, transseksüel, yani toplumun dışladığı insanlar...Yani herkes bir şekilde acı çekiyor. Acı, yok sayılma, dışlanma, iteklenme bize mahsus değil. Polisin bir solcuya, bir travestiye indirdiği her copun acısını paylaşabiliyorum. Böyle bir ortak alan kazandık, ama hâlâ şöyle bir handikapımız var: Biz zor da olsa bu alanlara uzanmak zorunda olduğumuzu düşünüyoruz ancak yeterli duygusal ve zihinsel hazırlığımız yok. Fakat mesela Kadının Statüsü Genel Müdürlüğü'nün bütün toplantılarına katılmaya çalışıyoruz. Kadınla ilgili resmi ve sivil her türden toplantıya katılmaya çalışıyoruz, ama insanlar bundan pek memnun olmuyorlar. "İyi ki geldiniz" filan demiyorlar. Sizi dışlamaya, sözünüzü ağzınıza tıkmaya çalışıyorlar.

Ya sizin kesimin erkeklerinin tavrı?
Bizim kanadın meşhur erkekleri ve siyasileri genellikle çalışmalarımızla pek ilgilenmiyorlar. Ancak karşılaşıp tanıştığımızda, yaptıklarımızı ve yapmayı planladıklarımızı öğrendiklerinde destek olmaya çalışıyorlar. Akademisyenler, sivil toplum kuruluşlarındaki erkekler de benzer bakış açılarını yakalamış oldukları için destekliyorlar.

İslami kesimde genç erkekler, gündelik hayatta kendi kesiminden kızlarla değil de örtülü olmayanlarla daha rahat ilişki kurabiliyor diye bir iddia var...
Gündelik hayatta onlarla nasıl iletişim kurabileceklerini pek bilmiyorlar. Çünkü "namahrem" fikri var zihinlerinde. "Ben bu erkekle ya da kızla konuşsam bunu nasıl anlayacak, nasıl yorumlayacak?" endişesi var. Birine bir şey sorduğunuzda onda bir mesaj var zannedip üç gün sonra size evlenme teklif edebilir. Bizim kesimde kadınlarla erkekler arasında mesleki ya da başka bağlarla bir arkadaşlık fikri henüz yaygın değil. Dolayısıyla bunu düzenleyen ve meşrulaştıran bir gelenek de daha oluşmadı. Bu yüzden, bizim kızlar arkadaşlık anlayışına sahip başka erkeklerle, bizim erkekler de arkadaşlık anlayışına sahip başka kızlarla arkadaş olabiliyorlar.

Gonca Kuriş olayını nasıl değerlendiriyorsunuz?
Gonca Kuriş, biz müslümanların resmi tavrını çok net ortaya koyan bir örnektir. Kuriş'in kabul edildiği tek grup, Ercüment Özkan'ın sağlığında *İktibas* dergisi çevresiydi. Gonca onların içinde rahatça konuşup istediğini söyleyebilen bir insandı. Ercüment Özkan öldüğünde Gonca'nın fikirleri biraz daha feministleşmişti. Yine o grup içinde konuşmaya kalktığında kendisini susturdular, neredeyse kapı dışarı ettiler. Gonca bunun üzerine daha aktif davranma kararı aldı. "Bir sürü insan İslam'ı yanlış tanıyor, kadın konusunda bir sürü şey yanlış anlatılıyor. Ben bunlarla mücadele edeceğim," diyordu. Bir toplantımızda bize oturduğu sıradan "ilahiyatçı hanımlardan rica ediyorum. Kuran'ın mealini onlar yazsınlar. Çünkü şimdiye kadar hep erkekler, kendi anlayışlarına göre yazdı," diye seslenmişti. Zaten o sırada iki gazeteci tarafından keşfedildi. Onlar kendisini televizyona çıkma konusunda ikna etti. O zaman beni de arayıp "Böyle bir teklif var. Gel bera-

ber çıkalım," demişti. Bense hem araştırmamı tamamlamadığım için kendimi hazır hissetmediğimi, hem de konjonktürün uygun olmadığını söyleyerek onun da televizyona çıkmamasını istedim. Beni dinlemedi. Ertesi gün atlayıp Mersin'e gittim. Bütün bir gece konuştuk. Çok yürekli bir kadındı ve öldürüleceğini de tahmin ediyordu. Çünkü içinde yer almış olduğu Hizbullah'ın nasıl bir grup olduğunu biliyordu. O bir şeye, bir gruba uzaktan bakıp değerlendirme yapmazdı. Muhakkak gider, tanışır, öğrenirdi. Böyle birçok gruba girip çıkmış, fakat sağduyusunu, samimiyetini kaybetmemiş bir insandı. Hiç kimseye angaje olmamış, mert bir insandı. Neticede korktuğumuz başımıza geldi. Medyanın sansasyonel yaklaşımının da bu sonda önemli bir payının olduğunu düşünüyorum. Kaçırıldığında oturup ne yapabileceğimizi tartıştık. Ama kendi arkadaşlarımız içinden bile ona asla sahip çıkmamamız gerektiğini, onun dini saptırdığını, çok gereksiz ifadelerde bulunduğunu söyleyen kadınlar çıktı. Buna rağmen değişik illerden on sekiz kadın, ismimizi vererek bir açıklama hazırladık, ama hiçbir gazete yayımlamadı. İstanbul'da önemli isimleri aradığımızda bize Gonca'nın devlet için çalıştığını, kısa zamanda bir yerden çıkacağını, bu yüzden kesinlikle destek vermeyeceklerini söylediler. O sıralarda bizim gazeteler ondan "feminist" diye bahsediyordu, kimse "müslüman feminist" filan demiyordu.

Kadın olduğu için mi?
Sadece kadın olduğu için değil. Şimdi de reform tartışmaları çıktı. Bizim camiada çok hassas olunan bazı tehlikeli konular var. Bu kavramlardan ve bu kavramları olur olmaz ağızlarına alan kimselerden çok çekmişler. Devletin konuşturduğu insanlardan hoşlanmıyorlar. Ben Gonca'nın öyle olmadığını, yani birtakım resmi güç odaklarına angaje olarak konuşmadığını yakından biliyorum.

Öldürülmesi, kendini ona yakın hisseden insanlarda ürküntü yarattı mı?
Ben o zaman Hizbullah denen örgütten pek haberdar değildim. Böyle bir tehlike olduğunu bilsem Gonca'nın konuşmaması için ne gerekiyorsa yapardım. Artık böyle bir tehlike de kalmadı. Gonca'nın kim tarafından öldürüldüğü öğrenildiğinde o grup zaten çökertilmişti. Kendi adıma pisipisine ölmenin çok kötü olduğunu düşünüyorum. Daha temkinli olmak gerçekten gerekebilir. Ben böyle vahşi bir müslüman grubun olabileceğini asla aklımın ucundan geçiremezdim.

Ama var.

Maalesef var ve Susurluk çetesiyle aynı kaynaklardan besleniyor olduğu söylentisi de ülkemizdeki temel sorunun dindar insanlardan değil, ülkenin kara para piyasasında rant sahibi olmak isteyen güç odaklarından kaynaklandığı gerçeğini ortaya koyuyor.

Kuriş'in cenazesinde de yaşanan kadınların namaz kılması olayı var. Ne düşünüyorsunuz?

Gonca'nın cenazesi önemliydi aslında. Ona verilmiş sözümüz vardı, ama biz Gonca'nın cenaze namazını bir evde kıldık. Önce bir camide kılmayı düşündük, sonra gazeteciler gelir diye vazgeçtik. Gonca'nın vasiyeti olduğu için teyzesi kıldırmak istedi. Ben yine erkekleri suçluyorum. Madem ki Gonca'nın böyle bir vasiyeti var ve madem ki bu iş için hayatını ortaya koydu isteğinin yapılması gerekiyordu. Ama erkekleri biliyoruz, yaptırmazlar. Ben öyle ortamlarda arbede çıkarılmasından hoşlanmıyorum. Medyanın da bu konuları, çok iyilik olsun diye, örneğin "kadınların önü açılsın", "özgürce cenaze namazı kılabilsinler" diye ele aldığını zannetmiyorum.

Siz istediğiniz kişinin cenaze namazını kılmak istemez misiniz?

Bu alışkanlıkla ilgili bir şey. Ben kılmayabilirim, ama gitmek isteyen gidebilmeli. Bugüne kadar illa gitmek istediğim bir cenaze namazı olmadı. Herhalde bir de bu kadar sansasyonel olduğu için istemiyorum.

İslam ile kadın kavramının yan yana gelmesinin sansasyona yol açtığı bir olgu değil mi?

Bu daha çok medyanın üslubundan kaynaklanıyor. Bunlar çok daha sağduyulu, daha işlevsel bir şekilde tartışılabilir.

Dayak meselesi de en önemli meselelerden biri değil mi?

Kadın her türlü çevrede, farklı şiddet türlerine maruz kalıyor. Aslında tüm insanlığın sorunu bu. Batı'da kadına yönelik şiddet yok diyebilir miyiz? Kuran'daki dayak olayını bazılarının bu kadar dillerine dolamaları yine o sansasyon merakıyla ilgili bence. Evet şiddeti lanetliyoruz, ama şiddet, başka yol bilmeyen, başka savunma mekanizmalarını çalıştıramayan, bunun eğitimini almamış insanların kullandığı bir dil. Bu, eğitim ve terapiyle halledebileceğimiz bir şey. Siz bu konuda hiçbir şey yapmayıp, sadece birilerine saldırıyorsunuz. Tamam bu tür şeylere ben de katılmıyorum, katılmam da mümkün değil, fakat şiddeti insan hayatından silmek de imkânsız.

Ama burada şiddetin meşrulaştırılması, hatta kutsallaştırılması var.
Hayır kutsallaştırılmıyor. Arap toplumu çok kaba saba bir toplumdu. Mesela Hz. Ömer ile ilgili rivayetlerden bunu anlıyoruz. Kızdı mı karısına bir tokat atıyor. Hatta Peygamber'i de hanımlarına karşı çok sabırlı davrandığı için kınıyor. Peygamberimiz ise dokuz hanımla geçinmeye çalışan bir insan. Kitapta da göstermeye çalıştığım gibi bu kolay bir şey değil. Çok uzun bir süre tekeşli bir hayat sürüyor. Medine'deyse farklı bir dönem başlıyor. Daha çok siyasal evlilikler yapılıyor veya bunun içinde haz unsuru da olabilir. İslam bu hazzı günah saymaz. Neyse, dokuz kadının gönlünü hoş tutmak zorunda olan bir erkek. Ben Peygamberimizin, öyle bazı kitaplarda anlatıldığı gibi olağanüstü güçlerle donatılmış olduğunu düşünmüyorum bu anlamda. Hanımları da eşitlik için mücadele ediyorlar. En ufak bir durumda haklarını koruyorlar. Mesela her akşam sırası gelen hanımın evinde bütün hanımlar toplanıyor, sonra herkes odasına çekilip Hz. Peygamber onunla kalıyor. Bir gün sıra diyelim Hz. Aişe'deyken, bir başkasının Peygamber'in elini tutmasına bile izin vermiyor. Bu kadınların çekişmesinin, hatta birbirlerine yönelik komplolarının ortasında olmasına rağmen Hz. Peygamber'in ne bir kölesine, ne bir hanımına elini kaldırdığına dair tek bir rivayet yok. Evet bu ayet var, ama bu ayet erkeklerin kızgınlık ânında ilk tepkisi olan dayağı önleyip anlaşmazlıkları önce konuşarak çözdürmeye çalışıyor. O olmazsa yataklarınızı ayırın, diyor. Çünkü bu çok kumalı bir evlilikte onur kırıcı bir davranış. Günümüzdeyse bu kadınlar için değil de erkekler için bir ceza gibi görünüyor. En son olarak dayağı gösteriyor ki bu çok uzun bir süreç. Kuran'ın, şiddetin bu kadar yaygın ve yerleşik bir davranış kalıbı olduğu bir toplumda aslında onu devre dışı bıraktığı bile söylenebilir. Yani Kuran o dönemin erkeklerini bir nevi terbiye ediyor, en son çarede dayağa olur veriyor ama bu bugün bizim kabul edemeyeceğimiz bir öneri.

Erkekler dayakla kadınları terbiye ettiklerini sanıyorlar.
Onlara "kadınlarınızı terbiye edin" mantığını verdiği doğru. Ama kızların henüz on üç-on dört yaşındayken hayatı çoktan kavramış erkeklerle evlendiği durumlarda bu bir bakıma anlaşılabilir. Ama bugün

aynı eğitimi almış çiftlerin birbirini dayakla terbiyesi diye bir şey söz konusu olamaz.

Fetva Kurulu'na bir kadın üye atanacak olması sizi heyecanlandırıyor mu?

Hayır. Diyanet'in bütün teşkilatlanmasında büyük değişiklikler yapması lazım. Atanacak olan üyenin Muallâ Selçuk olacağı ileri sürüldü. O zaten hem Din Eğitimi Genel Müdürü, hem de üniversitede öğretim üyesi. Nasıl zaman bulup da Kurul'da çalışacak? Üstelik ben kendisinin kadın bakış açısına sahip herhangi bir demeç veya konuşmasını hiç duymadım. Çok evcimen, erkeklerle iyi geçinen biridir. Kendisini severim, ama kadın bakış açısıyla söylenen şeyleri tehlikeli bulur, dolayısıyla Diyanet için çok iyi bir isimdir. Ama benim için değil.

Diyanet'te sizin gibi insanların mı olmasını istiyorsunuz?

Elbette, kadın bakış açısına sahip insanlara görev vermeliler. Duyduğumuza göre Fetva Kurulu'na sorulan soruların yüzde 70'i kadınlardan geliyormuş ve kadınların özel sorunlarıyla ilgiliymiş. Biz bu sorular ve Diyanet'in verdiği cevaplardan hareketle bir araştırma yapmayı düşünmüştük.

Ancak Diyanet yönetiminde kadın sorunlarına karşı gerçek ve esaslı bir hassasiyetin olduğu konusunda şüpheliyim. Sanki "şimdi ne söylesek iyi gider" diye bakıp bazı laflar ediyor gibiler. Geçen sene her ile bir kadın uzman kadrosu açıldı ve atamalar yapıldı. Genellikle arkası olanların atandığı söylendi. Başkan Bey "Biz temsil değil hizmet makamıyız," diyor. Diyanet'e teklifim şu: Eğer kadınlar konusunda bir şeyler yapmak istiyorsanız, bu hizmet personelinin içine kadınları bolca dahil edin. Mesela müftüler ve müfettişler hep erkek. Niye hiç kadın müftü ve müfettiş yok? Müftü yardımcısı bile neredeyse yok. İllerde ayrıca ilçe müftüleri de var. Niye illere tek bir kadın uzman alıyorlar? Ne kadar müftü ve müftü yardımcısı kadrosu varsa en azından o kadar kadın uzman istihdam edilmeli. Bunlarda da objektif özelliklerin aranması gerekiyor. Ayrıca Diyanet kendi personeliyle de yakından ilgilenmeli. Kuran kurslarında çok yetenekli, çok gayretli ve kursları kadınların sosyalleşme merkezleri olarak gören görevliler var. Otuz yaşın üzerinde, kocası veya kayınvalidesinden izin almadan bir yere gitmemiş kadınlar Kuran kurslarına rahatlıkla gidebiliyorlar. İşte orada görevliler kadınlara, haklarını hukuklarını öğretebilirler.

Ama belki Diyanet'in bunlardan haberi bile yok. Diyanet bütün personeline toplumsal cinsiyet perspektifi kazandırmalı fakat özellikle kadın personeline, hizmet içi eğitim yoluyla kadın bakış açısı kazandırmalıdır.

Bunu yapabilir mi?
Yaptırabilir. Kendisi asla yapamaz. Diyanet'in bu kemikleşmiş kadrosundan böyle bir açılım beklenemez.

Şu anda dindar kadınların en acil sorunları nedir?
Dindar kadın iki arada bir derede kalmış durumda. Sistem, örtülü kadınları yok sayıp dışlamaya başladığından beri bizim kesimin bazı erkekleri de yok saymaya başladı. Çünkü kadınlar kendi kariyerlerine ve görünürlüklerine zarar veren bir unsur olmaya başladı. Eskiden bir kâr-zarar dengesi vardı. Şimdi denge bozuldu. Bu anlamda ne İsa'ya ne Musa'ya yaranamayan bir kadın kitlesi var ortada. Bu aslında kadınları çok olgunlaştırdı, kendi ayakları üstünde durmanın ne kadar gerekli olduğunu kavradılar. Eşleri veya dindar amirlerinin, sorun kendilerine bulaştığı anda kendilerini yalnız ve devre dışı bıraktığını hepsi gördü.

Meseleye kadının gelişmesi ve güçlendirilmesi perspektifinden bakan kesimlere gelince, onların yok saymaya calıştıkları bu kesim kesinlikle gözardı edilebilecek bir kitle değil. Bu kitleyi göz önüne almadan hiçbir politikayı etkili hale getiremezsiniz. Bu kitlenin desteğini almadan Türkiye'de kadınlar adına hiçbir başarılı iş yapamazsınız. Bu kitle eskiden evden çıkmasının, erkeklerle konuşmasının günah olduğunu düşünüyordu, şimdi bunları bıraktı ve hayatın içinde varolmak istiyor. Kendisini sadece anne olarak değil, işi ve çevresiyle gerçekleştirmek istiyor. Bu onun diğer insanlarla barışmasını sağlayacak bir süreçti. Fakat şimdi bunun önü kesilmeye çalışılıyor. Kimse bir süre sonra örtülü kadınların yok olacağını düşünmesin. Baskılar bize çok daha büyük bir inanç sağladı. Birçok şeyi göze alabiliyoruz artık. Yok olmayacakları için onların bir an önce hayata intibak etmelerine izin verilmeli.

Örtülerini açanlar da oldu.
Çok büyük psikolojik sorunlar yaşadılar, çoğu hastalandı. Göğüslerinde ur çıkanları biliyorum. Eşlerinden ayrılanlar oldu. İkili bir kişilik taşıma zorunluğunun acılarını yaşıyorlar. Kendi adıma şunu söy-

leyebilirim. Başörtüsü benim dindarlaşmamın sembolüdür; asla siyasal bir sembol olmamıştır. Ben dindarlaşmaya karar verdiğim gün örtünmeye de karar verdim. Yüzde 99'umuz için bu böyledir. Açmak, sanki bu süreci sona erdirmek anlamına gelecek. Yani eski hassasiyetlerimizi kaybetmek. Halbuki siz tam da bu hassasiyetlerle, kendi kimliğinizi alternatif bir kimlik olarak kurgulamışsınız, ama sizden bunun sembolünü alıyorlar. Bugün kimin üstünden bir şey alabilirsiniz? Ben çocuğuma istediğim şeyi giydiremiyorum. Başını açan arkadaşlarla görüşüyoruz. Hiçbiri mutlu değil. Biri şöyle dedi: "Okula gidiyorum. Başımı açmak üzere aynaya gidiyorum/ Başımı açıyorum ve aylardan beridir hâlâ aynadaki bu görüntüme alışamadım."

Bu süreçte erkekler nasıl bir destek verdi?
Birçok erkek, özellikle milliyetçi kesim, parti politikalarına uygun olarak açmaları yolunda gerekli desteği verdiler. Çünkü onlara da bulaştı bu iş. Kadınların direnmesi kendilerinin de zora girmesi demekti ki erkekler zora girmeyi asla kabul etmiyorlar. Fakat Mehmet Altan'ın dediği gibi, bu süreç elbet bir gün bitecek ve geçmiş darbelerden minnetle yadedilen tek bir isim kalmadığı gibi 28 Şubatçılardan da kimsenin adı hayırla anılmayacak. Onlardan korkan, sinen, ilk atakta halkın kendisine emanet ettiği yetkileri devir teslim eden, ya da bir umut olarak kendilerine verilen 28 Şubat sonrası oylarla iktidara gelip hazırola geçenler, alınlarına sürülen utanç karasından asla kurtulamayacaklardır. Başörtülülerin de bu günleri asla unutabileceğini sanmıyorum. Bir gün, belki de kocalarından ve kocalarının desteklediği partilerden başlayarak yaşadıkları bu acı günlerin hesabını sormayacaklarını kim garanti edebilir?

•

İSLAMİ HAREKETTE FEMİNİZM TARTIŞMASI

İSLAMİ HAREKETİN yükselişe geçtiği 1980'li yıllardan itibaren, iktidarı ellerinde tutan erkekler İslam ve kadın ilişkisi konusundaki tartışmalara belli ölçülerde kadınların da katılmasına izin verdiler. Böylece hem daha inandırıcı olunacak, hem de sayıları giderek artan eğitimli kadınlara belli bir "meşguliyet alanı" açılmış olacaktı. Fakat hiçbir şekilde geleneksel erkek egemen bakış açısının dışına çıkılmasına cevaz verilmiyordu. Sonuçta "İslam'da kadın sorunu olmadığı" şeklinde özetlenebilecek geleneksel bakış açısının bayraktarlığını bundan böyle, erkeklerden ziyade, bizzat sayıları giderek artan kadınlar yapar oldu. Yani İslami hareket içinde toplumsal cinsiyet rollerini sorgulamayan/sorgulayamayan, erkek egemenliğine karşı direnemeyen kadınlar, itaatlarını eskisine kıyasla entelektüel olarak daha da işlenmiş, daha "kadınsı" bir söylemle sürdürme yoluna gittiler.

Ancak bütün engellemelere rağmen dindar kesimde, kadın konusuna erkekler gibi bakmayan, birçok geleneksel yaklaşım, kabul ve algıyı sorgulayan kadınlar da ortaya çıkabildi. Hem ülkedeki, hem İslami hareketteki erkek tahakkümüne karşı direnme gibi zorlu bir misyona talip olan bu kadınların ilk ciddi örnekleriyle 1987 yılında *Zaman* gazetesinin tartışma sayfalarında karşılaştık. Feminizme açık açık sahip çıkma veya en azından, İslam ve İslamcılık adına feminizme karaçalmalara karşı çıkma cesareti gösteren bu kadınların çıkışını Ali Bulaç'ın 17 Mart 1987'de yayımlanan, daha önce de değindiğimiz "Feminist Bayanların Kısa Aklı" başlıklı yazısı ateşledi.

Bulaç bu yazıda feminizmi "kadını erkeğe karşı ayaklanmaya çağıran isyancı bir meslek" olarak tanımlıyor ve erkeklerin "hayatı kendisine zehir edecek bu belalı akım karşısında tedirginlik içinde" beklediklerini söylüyordu. Bulaç'a göre feminizmin bir yaşama biçimine dönüşmesi, "insan türünün sonu" anlamına gelecekti.

Bulaç şu sözleriyle feminizmi bir "cinsel sapma" olarak göstermeye çalışıyordu: "Feminist dünya görüşü ve ahlak anlayışının egemen duruma geçtiği toplumlarda geçerli ve mümkün olan tek cinsel ilişki eşcinsellik ve lezbiyenlik olarak kendini gösterecektir."

Bulaç'ın, "Feminist bayanlar, sizin aklınız kısa ve üstelik bir karış havada" cümlesiyle biten bu kışkırtıcı yazısı üzerine *Zaman* gazetesinde çok ciddi bir tartışma koptu. Herhalde Bulaç ve onun gibi düşünenler, kendi saflarından bazı kadınların, şu ya da bu şekilde, feminizme yönelik ağır suçlama ve hakaretlere isyan edeceğini hesaba katmamışlardı. Herbiri birer tarihi belge olan ve küçük çaplı bir "İslami feminist[1]" külliyat oluşturan bu yazıların Muallâ Gülnaz ve Tûbâ Tuncer tarafından kaleme alınan ilk ikisi 1 Eylül 1987'de *Zaman*'da yayımlandı.

Tûbâ Tuncer "Kimin Aklı Kısa?" başlıklı yazısında, Bulaç için, "kadını bir cinsel met'a olarak görüyor olmalı ki onların erkeklerle aynı yatağı paylaşmayacağından kaygı duyuyor," diyerek şöyle devam ediyordu: "Yazarın kanaatlerinin aksine kadınların temel meselesi erkeklerle aynı yatağı paylaşıp paylaşmamak değildir. Kadınlar insanca muamele, eşit şartlarda varolma mücadelesi veriyorlar. Dünyaya sadece çocuk yetiştirip, ev işleri yapmak için gelmediklerini kabul ettirmeye çalışıyorlar. Erkeklerden daha aptal olmadıklarını söylüyorlar ki bunu bilim de kabul ediyor. Belli bir yaşa kadar kızlar gerek gelişim, gerekse başarı bakımından erkeklerin önündeyken daha sonra geleneksel kadın rolünün gereği sessiz, sıkılgan, zayıf, kendi fikri olmayan, olsa da söyleyemeyen, sadece bir ev ve bir koca dileyen insanlar durumuna gelmektedirler."

Tuncer, Bulaç'ın eşcinsellik konusundaki sözlerini de şöyle eleştiriyordu:

"Feminizmin homoseksüellik ve dolayısıyla lezbiyenliğin sebebi olarak görülmesi de son derece yanıltıcı bir tutum. Bu sapıklık tarih boyunca olagelmiştir. Feminist hareketin ortaya çıkmasından evvel de vardı, sonra da varolması kaçınılmazdır. Yazarımızın pek beğendiği Osmanlı İmparatorluğu devrinde Divan şairleri oğlan güzelliği üzerine şiirler yazmışlardır. Çeşitli psikodinamik açıklamaları olan bu cinsel sapmayı feminizme bağlamak bilgisizlikten doğmuyorsa bir karalama ve kandırmaca sayılmaz mı?"

---

1. "İslami feminist" nitelemesi bize ait, yoksa söz konusu yazarların çoğu bu tamlamayı benimsemediklerini çeşitli vesilelerle belirttiler.

"Ali Bulaç'ın Düşündürdükleri" başlıklı yazısında Muallâ Gülnaz, "Türkiye'de dinimizi tanıyıp seven ve bu dinden aldığı cesaretle kadın haklarını savunan kadınlar da var. Bunu şunun için yazıyorum: Bu gerçek böyle bilinirse, kadın hakları, kadın sorunları, belki feminizm gibi konular müslümanlar arasında daha üst seviyede, daha edepli ve ciddi bir biçimde tartışılır," diyerek şöyle devam ediyordu:

"Evet! Feminizm kadını erkek tahakkümüne karşı ayaklanmaya çağırır. Evde, işte, sokakta. Bundan bu kadar korkmak niye? Laf cambazlığı yerine tahakkümden vazgeçmek düşünülemez mi? Feminizm canavarını (!) yenmenin en kolay yolu sebeb-i hikmetini yok etmektir. Kabul etmeliyiz ki, alışkanlıklardan hem de böylesine rahat alışkanlıklardan vazgeçmek çok zordur. Ama Allah'a kul olmak nefsini yenmekle başlar (...) Kadın artık sadece dişi değil, insan olmak istiyor. Arkadaş olmak, dost olmak, sırdaş olmak ve biraz da sevgi... (Çok şey mi istedik acaba?) Akşama kadar koşturup, sonra iki çift laf etmeden, yüzüne bakılmadan yorgun bedenini sürüklediği yatağı değil. Evlilikte paylaşılan sadece yataktır çünkü."

Zaman gazetesindeki tartışma uzun bir süre devam etti. Bulaç'a karşı yazılan yazılar arasında Elif H. Toros'un 15 Eylül'de yayımlanan "Feminist Kime Derler?" başlıklı yazısıyla, Yıldız Kavuncu'nun 29 Eylül'de çıkan "İslam'da Kadın ya da İpekböceği" yazıları özellikle dikkat çekiciydi.

Toros yazısında, erkeğin kadın üzerindeki tahakkümünü şöyle tasvir ediyordu: "Eğer müslüman olmasaydık, bu soruları sormamıza da gerek kalmazdı. O zaman bu sorunun izahını şöyle yapardık. Erkek egemen bir toplumda, yaşayan erkekler, yaşadığını gösteren kadınlardır. Ve o kadınlar erkekler için vardırlar. Belirleyici durumda olan erkek olduğuna göre kendisini izaha ihtiyaç duymaz, o ancak izah eder. Kimseye karşı sorumluluğu yoktur ve onun çarkı kadının aleyhine işlemektedir".

Toros, feminizmi ise şöyle savunuyordu: "İşte feminist hareket, dünyayı tekellerine alan erkeklere 'insan' olduklarını kabul ettirebilme mücadelesidir. Ya da onlarsız da yaşayabileceklerini... Bir başına... Yüzyıllarca ikinci sınıf muamelesi görenlerin sınıflar üstünden konuşmasını istemek abestir. Kadınlar kadın olarak görüldükleri sürece mücadelelerini, 'önce insanım' cümlesinin ardından kadınca sürdüreceklerdir yine de."

Kavuncu ise amaçlarını şöyle açıklıyordu: "Biz feminist hareketleri müslüman kadına taşıyalım demiyoruz. Fakat müslüman kadına haklarının kullandırılmaması problemi yüzyıllardır var. 'Müslüman kadının bütün hakları İslâm tarafından verilmiştir' cümlesini sert bir şekilde söyleyip konuyu kapatmak sorunu çözmez, kilitler, çözülmez hâle getirir (...) Peki bizim istediğimiz nedir? Biz müslüman kadın günışığına çıksın istiyoruz, zaten toplum ve sokak kadın için müslüman erkek için olduğundan daha tehlikeli ve kötü değil ki! Problem topyekûn müslüman insanın problemi. İçinde yaşadığı cemiyetten habersiz olan kadın, evinde somut şeyler üretmez. Soyut insanlar ve soyut bir dünya ise İslâm'ın tüm prensipleriyle çatışır." Kavuncu'nun şu satırları Bulaç'ın yazısına dolaylı bir cevap niteliğindeydi: "Eviyle, işiyle, ibadetiyle meşgul kadın da saygıya değerdir, fakat daha entelektüel yetenek ve eğilimlerle dolu bir kadın orijinal bilgi ve fikirler üretebilecek durumdaysa, onu 'erkekleşmekle' korkutmak, kadınsı özelliklerini yitirmekle tehdit etmek, son derece çirkin. İşte bu zihniyet kadını insani yönüyle değil, yalnızca cinsel yönüyle görüp-gösteren basit zihniyettir."

Çoğu akademisyen veya edebiyatçı olan ve büyük cemaat yapılarıyla organik bağları bulunmayan bu kadınlar, gazete içi ve dışından beklemedikleri ölçüde sert tepki aldılar. İslami kesimde köşe başlarını tutmuş erkekler ve erkekten farksız kadınlar, hareketin yumuşak karnının "kadın sorunu" olduğunu ve içlerinden bağımsız bir kadın hareketi çıkma ihtimalinin yüksek olduğunu bildikleri ve dolayısıyla iktidarlarını kaybetmek istemedikleri için böylesine telaşlı bir topyekun taarruza girişmişlerdi. Ve zaman, iktidarlarını kaybetmediklerini gösterdi.

İslamcılar ve Feministler

Türkiye'de dindar kadının serüvenini anlayabilmek için, onun İslamcı olmayan hemcinsleriyle, özellikle de feminist ve feminizan çevrelerle kurduğu ilişkiyi de incelemek gerekiyor. Bilindiği gibi 1980'li yıllar, Türkiye'de İslami hareketin yükselişine olduğu gibi bağımsız bir feminist hareketin boyvermesine de tanıklık etti. Fakat bu iki hareketin birbiriyle ilişkisi hep sorunlu olageldi; bu durumun günümüzde de büyük ölçüde sürdüğünü rahatlıkla söyleyebiliriz.

Bir önceki bölümde, feminizme bakış konusunda İslamcıların tek bir bakışa sahip olmadığını gördük. İslamcı erkekler, kadınların, kendi sorunlarına sahip çıkması, ikinci sınıf konumlarına itiraz etmesi ve dolayısıyla feministleşmesi ihtimalinden hep ürktüler; böyle bir gelişmenin önüne geçmek için tedbir aldılar; bir şekilde boyverdiği durumlardaysa bastırmak için ellerinden geleni yaptılar. Tahakkümlerini sürdürme mücadelesinde İslamcı erkeklere çok sayıda kadın da yardımcı oldu.

Feminizmin İslam dışı ve karşıtı bir hareket, bir sapma, hatta iffetsizlik olduğu yolundaki propagandaların yoğunluğuna rağmen çok az sayıda da olsa bazı dindar kadınlar kendilerini "feminist" olarak tanımlamaktan çekinmediler. Fakat İslami hareket içinde zaten önemli konumları bulunmayan bu kadınlar, baskılar sonucunda feministliği olmasa bile İslamcılığı bıraktılar.

Her ikisinde de direnmenin en popüler örneği olan Gonca Kuriş'in Hizbullah zindanlarında işkence sonucu katledilmesi, bu tür olaylarda olduğu gibi ikili bir etki yarattı: Çoğu kadın iyice sinerken, az da olsa bazılarının mücadele azmi arttı.

Feministlerin Bakışı

İslami hareket içindeki kadın tartışmalarında, "laik" feministlerin İslam'a, İslami harekete ve İslamcı kadınlara bakışları da belirleyici bir rol oynadı. Bu süreçte Türkiye'de kabaca üç tür feminizmin serpilmekte olduğunu söyleyebiliriz: 1) Kemalist yönü ağır basan devletçi hareket; 2) sosyalist feminist hareket; 3) "yeni toplumsal hareketler" kapsamında ele alınabilecek olan, nispeten daha sivil feminist hareket.

Aralarındaki bütün farklılıklara rağmen, bu üç akım da esas olarak 1968 ve 78 kuşaklarından gelen sosyalist/devrimci kadınların katılımı ve önderliğinde yol alıyordu. Dolayısıyla her üç akımda da sisteme karşı mücadelesinde yenik düşmüş olan sol ile şu ya da bu şekilde hesaplaşmak temel öneme sahipti. Ve her üç akım da, dini ve dini hareketleri, "kadının kurtuluşu" yolunda ciddi, mücadele edilmesi gereken engeller olarak görmekte birleşiyordu. "İrtica ile mücadele" iddiasındaki Kemalist feministler asla İslam'a karşı olmadıklarını söylüyorlardı. Sosyalist feministler, her ne kadar vicdan özgürlüğünü savunsalar da, dinin karşısına materyalist dünya görüşünü ve hatta sıklıkla ateizmi çıkartıyorlardı. "Sivil feministler"inse kafaları büyük ölçüde karışık olduğu için dine karşı "nötr" kalıyorlardı.

Fakat her üç akım da, İslami hareketin yükselişinden, bu dalganın kadınları da ciddi bir biçimde peşinden sürüklemesinden kaygı duyuyordu. Zaten her türden "laik" feminizmin yükselişinde, toplumda benzer kaygılara sahip olan, şeriat düzeninin gelmesinden endişe eden kesimlerin katkı ve katılımları geniş rol oynamıştı. Ve her üç akım da İslam, İslami hareket ve İslamcı kadınlar hakkındaki bilgisizlik ve önyargılardan besleniyordu.

İşte bu dönemde, sosyal bilimlerin değişik disiplinlerinde çalışan, herbiri feminizmin değişik versiyonlarından bir şekilde etkilenmiş, hatta bazıları bilfiil feminist harekette yer alan bazı kadın araştırmacıların[2] İslamcı kadınları araştırdıklarına, makale, tez ve kitap hazırladıklarına tanık olundu. Kuşkusuz bu araştırmaların en çok ilgi çekeni Nilüfer Göle'nin *Modern Mahrem*'iydi.[3] Göle, İslamcı kadınları anlamaya ve anlatmaya çalıştığı, bunu yaparken de geleneksel düşünce/sorgulama kalıplarına pek itibar etmediği için laik ve/veya Kemalist çevrelerden (yani kendi yakın çevresinden) çok sert tepkiler aldı.

Göle dışında Deniz Kandiyoti, Yeşim Arat, Aynur İlyasoğlu, Elisabeth Özdalga, Ayşe Durakbaşa, Ayşe Kadıoğlu, Ayşe Güneş-Ayata, Sevda Alankuş-Kural, Hülya Demir, Serpil Üşür, Feride Acar, Ayşegül Baykan, Meyda Yeğenoğlu gibi kadınlar da bu konuya el attılar. Bu araştırmacıların çoğu, İslamcı kadınlar tarafından hem şüphe, hem de ilgiyle karşılandı. Sonuçta ortaya çıkan metinler de, İslamcı kadınlarda genellikle ikili bir duygu (kızgınlık ve memnuniyet) yarattı. Bazı entelektüel İslamcı kadınlarsa, genel olarak bu çalışmaları, şarkiyatçı bakış açısıyla kendilerini "ötekileştirdiği" gerekçesiyle eleştirdiler.[4]

Bu araştırmaların bolluğu, İslami harekete ve İslamcı kadınlara olan ilginin yüksekliğinin kanıtıydı, fakat bütün bunların laik kesimdeki bilgi eksikliğini ve önyargıları ne derece giderebildiği şüphelidir.

---

2. İslamcı kadınların "sosyolojisi" kadınlar tarafından yapılırken, İslam'da kadının yeri konusundaki "dışardan" çalışmalar İlhan Arsel, Oral Çalışlar gibi erkekler tarafından yapıldı.

3. N. Göle, *Modern Mahrem: Medeniyet ve Örtünme*, Metis, 1991, İstanbul.

4. "İslamcı kadınlarla ilgili yapılan tüm araştırmalarda meselenin modern/geleneksel, çağdaş/çağdışı, laik/şeriatçı gibi karşıtlıklar üzerinden ele alındığını görmek mümkündür. Böyle olunca karşıtlığın modern, çağdaş ve laik kutbunda, yani bilgi/iktidarın merkezinde yer alan araştırmacılar, geleneksel, çağdışı ve şeriatçı diye nitelenen karşı kutbu incelemekte ve onların 'evrensel norm ve standartlar'a göre değerlendirmesini yaparak 'eksik'lerini tespit etmektedirler. Bunlar, araştırmacının kendisini tanımlama konumunda görerek, ötekini ya 'geri', 'aşağı' olarak niteleyen ya da 'standart' olarak benimsenen 'modern'e ne kadar yakın olduklarını tespit etmeye çalıştığı araştırmalardır." Nazife Şişman, "Türkiye'de Kadınların İslamcı Kadın Algısı", *Osmanlı'dan Cumhuriyete Kadının Tarihi Dönüşümü* (der. Yıldız Ramazanoğlu), Pınar, 2000, İstanbul, s. 124.

İSLAMİ HAREKETTE FEMİNİZM TARTIŞMASI 45

Bir diğer deyişle bu çalışmaların, "İslamcı kadın" ile "laik kadını" birbirine yakınlaştırabildiği söylenemez, kaldı ki bazı araştırmacıların böyle bir meselesi olmadığı da açıktır.[5]

Nasıl İslamcı kadınlar, adlarının feministe çıkmasından kaygılanıyorlarsa, bazı feministler de "gericilerin ekmeğine yağ sürme"[6] endişesiyle araya hep belli bir mesafe koymaya özen gösterdiler. Örneğin 1987'de *Zaman* gazetesinde bir avuç genç kadın, her şeye, her türden iktidara rağmen feminizmi savunmaya çalışırken, "müslümandan feminist mi olurmuş!" diyerek onları sahipsiz bıraktılar.

Bu noktada ilk olarak, bütün bu sürecin birinci elden tanığı ve aktörü olan Muallâ Gülnaz ile yaptığımız röportajı dikkatinize sunuyorum:

1980 ortalarında başlayan İslam'da kadının yeri üzerine tartışmaların ana noktaları nelerdi?

MUALLÂ GÜLNAZ: İlk tartışmalar 1987'de başladı. Daha ziyade kadının evlilik içinde, kocası ve toplum tarafından konumlandırılışı noktasında yoğunlaşmıştı. 1980 öncesinin hareketli üniversite ortamından gelen kadınlar için, bu konumlanış oldukça sorunluydu. Ben ve birçok arkadaşım durumu algılama ve kabullenmekte zorluk çekiyorduk. Tartışmalar dışarıya yansımadan önce bizler biraraya geldiğimizde zaman zaman bu konuyu konuşuyorduk. Erkeklerin evlilik ilişkisinde eşlerini arkadaş olarak görmemelerini, hatta küçümseyip onlarla konuşmamalarını, kendilerine hizmet etmek zorunda olan, ev işleri ve çocukların yegâne sorumluları ve cinsel ihtiyaçlarını karşılayan yaratıklar olarak görmelerini içimize sindiremiyorduk. İsyan ettiğimiz zamanlar hem kocalarımız, hem aile çevrelerimiz tarafından "Allah'ın emri, dünyanın kanunu, dini gereklilik" gibi gerekçelerle karşılaşıyorduk. Bunu anlamaya çalıştığımızda, toplumsal-geleneksel faktörleri görüyor, ama Kuran'da doğrudan böyle bir şeyle karşılaşmıyorduk. Ancak geleneksel ataerkiyle örtüşen, onu pekiştiren bazı hadis rivayetleri ve fıkhi hükümler söz konusuydu. Ama biz, biraz da

---

5. İslamcı kadınlar üzerine çalışan bazı öğretim üyelerinin türban karşıtı tavırlarına örnek olarak ODTÜ'de kamu yönetimi okuyan Zekiye Oğuzhan'ın *Bir Başörtüsü Günlüğü* (İz Yayıncılık, 1998, İstanbul) adlı kitabına bakınız.
6. "Ekmeğe yağ sürme" konusunda Kemal Can'ın *Birikim*'deki müthiş yazısına dikkatinizi çekerim: "Solun Bilgilenme Biçimleri ya da 'Ekmeğe Yağ Sürmek'", *Birikim*, sayı 79, Kasım 1995.

Mualla Gülnaz

sezgisel olarak, Allah'ın "adil" sıfatıyla, İslam'ın üstünlüğü sadece takvada bulan ve kula kulluğu reddeden anlayışıyla bunların bağdaşmayacağını düşünüyorduk. İşte 1987'de İslami çevrelerin ileri gelen erkek yazarlarının kadınlarla ilgili harcıalem görüşlerine karşı çıkan yazılarımız yayımlandığında böyle bir noktadaydık. Yazılar yayımlandığında hiç beklemediğimiz tepkilerle karşılaştık, tartışmalar giderek büyüdü ve aylarca devam etti.

Bu tartışmalarda feminizmin etkisi ne oldu?

O yıllarda yoğunlaşan feminist literatürden bir şekilde haberdardık, ama kendimizi hiç feminist olarak tanımlamadık. Feminist söylemde bizim yaşadıklarımızla, sorgulamalarımızla çakışan pek çok şey vardı. Feminist yayınların, yaşadıklarımızı çözümlemede, bizi kuşatan erkek egemen toplumu ve kültürü fark etmemizde önemli katkıları oldu. Ama nihayetinde feminizm Batı merkezli bir hareketti. Kadın cinsi olarak ortak sorunlarımız olsa da, farklı bir coğrafyanın, farklı bir tarihin ve kültürün kadınları olarak bize özgü, onların anlayamayacağı artı sorunlarımız da vardı. Ayrıca artılarımız da vardı; dişil özelliklerin hâlâ değerini koruduğu, modern eril değerlerin Batı'daki kadar başat olmadığı Doğulu kültürlere, tasavvufa özgü artıları kastediyorum. Yani tüm ortak paydaya rağmen, biz kendi gerçeğimizden yola çıkmak durumundaydık ve zaten böyle de oldu. Ama bunun böyle olması, yazılarımızda, aynı sorunları paylaştığımız, mevcut erkek egemen sistemle cesur, kararlı bir mücadele içinde olan feministleri savunmamızı engellemedi. Zaten ilk tartışma, Ali Bulaç'ın "Feminist Bayanların Kısa Aklı" başlıklı, "saçı uzun, aklı kısa" gibi, son derece düzeysiz ve tamamen erkek egemen bir anlayışa gönderme yaparak feministlerin şahsında tüm kadınları aşağıladığı yazısına, benim ve Tûbâ'nın (Tuncer) öfke dozu oldukça yüksek karşı yazılarımızın yayımlanmasıyla başladı. Dolayısıyla, ilk tartışmalar feminizmle alakalı bir şekilde başlamış oldu. Ama bu tartışmaların arkasından *Nokta* dergisine kapak olan "türbanlı feminist" yakıştırmasının hepimize itici geldiğini hatırlıyorum. Tartışmada yer alan herkes örtülü değildi bir; ikincisi "türbanlı" lafı şimdi olduğu gibi o dönemde de aşağılayıcı bir tonda kullanılıyordu. Ben "türbanlı" lafının, "saçı uzun, aklı kısa" anlayışına hiç de uzak olmayan anlamlar içerdiğini düşünüyorum. Üçüncüsü hiçbirimiz kendimizi feminist olarak adlandırmıyorduk. Ama bu yakıştırma dışında, yazının içeriğinden rahatsız olmadık.

Sizin dışınızdaki kadınlardan nasıl tepki alıyordunuz?
Başlangıçta bazı feministler bizim çıkışımızdan heyecan duydular. Onlarla zaman zaman bir araya geldik. Hatta gayet sıcak bireysel ilişkiler bile gerçekleşti. Ancak topyekün baktığımızda şunu söyleyebilirim: Türk feminizminde oldukça belirgin olan, hatta Avrupalı feministlerdekinden daha baskın olan oryantalist bakış açısı, dini uzaklık hatta din düşmanlığı, İslam'ın kadın düşmanı olduğu yolundaki önyargılar, bizi anlamada ve doğru değerlendirmede önemli bir engeldi. Bunları aşmış olan, aşmaya çalışan bazı feministlerle gayet iyi iletişim kurabildik. Ama dediğim gibi onlar azınlıktaydı ve genelde Türk feminizmi bizi hayret ve şaşkınlık içinde karşıladı. Bu ilk reaksiyondan sonra da, İslam'la bir kadın hareketinin bir arada olamazlığına dair biri radikal, diğeri sosyalist feminist iki dergide iki yazı yayımlayarak, konu üzerinde soğukkanlı düşünüp son kararlarını verdiklerini izledik. Her iki yazıda dini cehalet çarpıcı boyutlardaydı. Ayrıca her iki yazıda son derece üstten bir bakışla, "aydınlanmış", "kurtarıcı" kadın rolüne soyunulmuştu. Bu yazılara, bir başka feminist arkadaş cevap yazma gereği duydu. Daha sonra *Kaktüs*'te bizim cevabi yazımız

yayımlandı. Kısacası, Türk feministleri içinde bize ilişkin olumlu yaklaşanlar çok azınlıktaydı. Ana damarı ise olumsuz yaklaşanlar oluşturuyordu. Sonradan birçok feminist akademisyen "İslamcı kadını", "başörtüsü"nü konu edinen araştırmalar yaparak konunun sosyolojik boyutunu irdeledi. Bizim kendimizi onların gözünden mütebessim izlediğimiz bu çalışmaların hemen hepsi söz konusu ana damarı yansıtan çalışmalardı. Aksu Bora, Aynur Demirdirek, Meyda Yeğenoğlu gibi azınlıkta kalan isimler daha farklı bir perspektifin yansıdığı yayınlar yaptılar.

İslami kesimin kadınlarından gelen tepkiler de çeşitliydi. Hiç tanımadığımız kadınlardan çok hoş, çok destekleyen mektuplar aldık. Onların acılarına tercüman olmuştuk. Bu arada, sayıları az da olsa, rahatsız olan, erkekler korosuna katılıp bizi kıyasıya eleştiren kadınlar da oldu. Mesela bütün bu tartışmaların yer aldığı *Zaman* gazetesi çalışanlarından bir genç kız, kendisi gazetede çalışmak gibi bir aktivite içindeyken, bizi, kadınsı faaliyetlere sırt çevirmekle suçluyordu. Bir kadın okurdan beni çok düşündüren bir mektup aldım. Erkeğin, getirdiği para karşılığında kadını sadece cinsel nesne olarak gördüğü, kadının da cinselliğini ekmek kapısı olarak gördüğü bir evliliğin İslam'a aykırı olduğunu, bunun bir çeşit fuhuş olduğunu yazmıştım. Mektubu yazan kadın, "kendimi bugüne kadar kutsal bir konumda görmüştüm, meğerse fahişeden farkım yokmuş," diyordu. Bu cümleyle benim kutsal kadınlara, annelere iğrenç bir şekilde dil uzattığımı ima ediyordu. Ama diğer taraftan evliliğinin benim tanımladığım türden bir evlilik olduğunu da ifade etmiş oluyordu. Ben bu yazıyı, bir gecekondu semtinde komşuluk ettiğim kadınlardan bazılarının kendi bedenlerinden, hatta kızlarının bedenlerinden ekmek kapısı diye söz ettiklerine tanık olmanın –bu tanıklığın üzerinden yıllar geçmiş olmasına rağmen– etkisiyle yazmıştım. Erkeklerde bu bakış açısının yaygınlığı malumdu, ama kadınların kendilerini bu denli aşağılamaları beni çok şaşırtmıştı. Bu anlayışı yermek kaygısıyla kaleme aldığım bu yazı, "evlilik eşittir fuhuş" görüşünü savunduğum şeklinde anlaşılmıştı. Normalde kendi evliliğinin, benim bahsettiğim şeyle alakasız olduğunu düşünen biri, söz konusu cümleden rahatsız olmazdı. Ve "eğer böyleyse böyledir" şeklinde ortaya konan, oldukça ağır şartlara bağlanmış bu yargı cümlesine katılmaması için bir neden de olamazdı. Ama mektup sahibinin psikolojisi, kendisinin asla böyle bir bakışı olmadığı halde üzerine alınması, eşinin söz konusu şartları taşıması ihtimaliyle yüzyüze gelmekten duyduğu rahatsızlığı yansıtıyordu sanırım. Ayrıca bu mektup bazı gerçekleri görmezden gelerek yaşayıp giden insanları, gerçekleri gözüne sokup rahatsız etmenin gerekli olup olmadığı konusunda düşünmeme de yol açtı. Belki de yapabilecekleri bir şeyin olmadığı durumlarda, insanların geliştirdikleri tahammül mekanizmalarına dokunmamak en iyisiydi.

İslami kesimin erkeklerinin tavrı nasıldı?
Nabi Avcı, Ahmet Çiğdem, Erol Göka gibi bazı müslüman erkekler bizi içtenlikle desteklediler, hatta yüreklendirdiler. Tartışmaların ilk müsebbibi olan yazının sahibi Ali Bulaç susmayı seçerken, İsmet Özel'den kadınların eksik dinliliğine dair beyanlar dinlemeye başladık. Hep tekrarlanan, kadınların evlerde korunması gereken çiçek, vazo falan gibi şeyler oldukları şeklindeki söylemlerin o günlerde iyiden iyiye yoğunlaştığını hatırlıyorum. Bunlar dışında çok sayıda okur mektubunda gördüğümüz tavır acımasızca yargılamaktan ibaretti. Öyle ki bu mektuplarda müslümanlığımız sorgulanıyor, alnımızın secde görüp görmediği merak ediliyordu. Bunların gözünde biz nefsinin peşine düşmüş sorumsuz kadınlardık. Oysa aradan geçen yıllar, belki aralarında bu mektupları yazanların da bulunduğu kimi İslamcı erkeklerin nefsanilik potansiyellerinin hangi boyutlarda olduğunu göstermiş bulunuyor.

İslam'da kadın-erkek eşitliğinin olduğunu düşünüyor musunuz? Varsa varolan eşitsizliğin nedeni ne?
Eşitlikle kadın ve erkek arasında hiç fark olmadığı kastediliyorsa, hayır. Ama eşit haklar kastediliyorsa, evet. İslam'da kadın ve erkek farklı, farklı olduğu için birbirini tamamlayan, bütünleyen iki cins olarak görülür. Farklı olmaları birinin diğerinden üstünlüğü anlamına gelmez. İslam'da üstünlüğün tek ölçüsü vardır: takva. Ayrıca erkek ve kadın farklı oldukları kadar, insan olarak, kul olarak benzerdirler. Farklılık, tamamlanma arayışı nedeniyle onları birbirine çekerken; benzerlik, ortak bir dil geliştirmelerine, birbirlerini anlamalarına imkân verir. Birbirlerinin "velisi", "elbisesi" olarak her biri diğerini örter, koruyup kollar. Bazı hadis rivayetlerini, fıkhi hükümleri, Kuran'ın erkek egemen yorumlarını dışarda tutarsak, Kuran'da varolan anlayış budur. Farklılık hiyerarşiyle ilişkilendirilmemişse problem yoktur. Varolan problem, cinslerin farklı oluşlarından değil, farklılığın hiyerarşiye tabi tutulmasından kaynaklanıyor. Bu ise aterkilleşme sürecinde ortaya çıkmış bir durum. Modernleşme sürecinde, özel alanın

önemsizleşerek, kamusal alanın önem kazanması, başat değer haline gelen rasyonalitenin erkeğe özgü sayılması, kadına atfedilen değerlerin değersizleşmesi gibi nedenlerle bu hiyerarşinin daha da pekiştiğini düşünüyorum. İslami anlayış cinsler arasındaki doğal, simetrik denge durumunu yansıtıyor. Bazen bu anlayışa yakın ama genelde uzak olan müslüman toplumlar görüyoruz tarih boyunca. Çünkü diğer dinler gibi İslam da ataerkil zeminler üzerinde hayatiyet buluyor. Üzerinde oturduğu güçlü ataerkil yapılar dini kendine uyduruyor. Böylece din mevcut ilişkileri dönüştürücü bir içeriğe sahip olsa da, buna izin vermek istemeyen mevcut yapı onu dönüştürüyor. Toplumdaki hiyerarşik yapının, çıkar ilişkilerinin din anlayışına yön verdiğini söylemenin Marksist analize çok yakın durduğunun farkındayım. Mesela Hidayet Şefkatli Tuksal da, başka arkadaşlar da bunu söylerken, farkında olup olmadıklarını bilmiyorum ama Marksist analize çok yakın duruyorlar. Ama feminizmin de, Marksizmin de veya başka bir bütünlüğün de, size doğru gelen bazı doğrularını benimsemenin bence sakıncası yok. Bir de şu var, dindar olanlardan da, olmayanlardan da gelebilecek bir itiraz: "Madem Allah'ın gücü her gücün üstünde, niye kendi dininin insanlar tarafından yönlendirilmesine izin versin ki veya dinin dönüştürme amacı neden gerçekleşmiyor?" Yüzeysel bir bakışı yansıtan böyle bir itiraza birçok cevap üretilebilir. Ben sadece şunu söyleyeyim, Allah bizi uyarıyor, doğruyu gösteriyor, gerisini de bize bırakıyor. Toplumsal alanda insanın özgür eylemine, iradesine inanan, katı determinist anlayışı benimsemeyen bir sosyal bilimci olarak işte bu bize bırakılanın çok belirleyici olduğunu düşünüyorum. İnsanın şartların üstüne çıkıp yönlendirici olmadığı durumlarda, sosyal, ekonomik, fiziki koşullara teslim olmak, bu durumda çıkar ilişkilerinin her alanı olduğu gibi dini de belirlemesi kaçınılmaz oluyor. İşte bu durumda maddi koşulların üstyapıyı belirlemesini veya başka determinasyon ilişkilerini, gerçekten de görünen köy kılavuz istemez misali kesin yasalarmış gibi görebiliyoruz. Ama bu özgür insani iradenin, eylemin yokluğuna bağlı görece bir kaçınılmazlık. Bir gün bir kılavuzun ya da birçok kılavuzun görünenden çok farklı bir köye götürmeyeceğini kim bilebilir ki. Ya da kendimizin kılavuzu olmayacağımızı... Mevcut ilişkileri dönüştürücü bir içeriğe sahip olduğunu düşündüğüm Kuran'ın bu işlevini yerine getirebilmesi için, onu, hayatı, doğayı, kendimizi ve kulluğumuzu geleneksel/modern ataerkil gözlükleri kırdıktan sonra doğru şekilde okuyup anlamamız gerekiyor. Bu gözlükler erkeklerde olduğu kadar kadınlarda da var, ama kadınların böyle sahici ve özgür bir okuma imkânına daha çok sahip olduklarını düşünüyorum yine de.

O günden bugüne neler değişti?
Görünen çok fazla bir değişiklik olduğunu söyleyemem. Bizim çıkışımız hâlâ marjinal bir çıkış gibi görünüyor. Buna rağmen, olumlu şeyler de oluyor. İlahiyatçı arkadaşlar bu konuda yoğun bir faaliyet içindeler. Yeni kuşaktan erkeklerin en azından kadın düşmanı olmadıklarını düşünüyorum, böyle olanlar varsa bile bunu açıkça ifade etmekten çekiniyorlar. Aynı şekilde on beş-yirmi yıl önce uluorta konuşan, camianın önde gelen erkek yazarları bugün daha farklı tavırlar içindeler, ya da en azından uluorta konuşmuyorlar, dikkatli olmak zorunluluğu duyuyorlar. Dindar genç kız ve kadınların kafalarındaki soru işaretlerine daha kolay cevap bulma şansları olduğunu düşünüyorum. Gençler arasında kadın-erkek ilişkilerine duvarlar örme dönemi geçmişe benziyor; daha rahat, daha eşitlikçi görünüyor. Tabii bu değişmeler, toplumun genelindeki değişmelerle de alakalı. Dindar kadınlar, orijinal kaynaklara ulaşıp bunları kendi bakış açılarıyla okudukça ve birbirlerine ulaştıkça, bu sürecin daha da hızlanacağına, bunun dindar erkeklerde de bir dönüşüme yol açacağına inanıyorum. Buna dair ipuçları görülüyor. Bizim okumalarımız, düşünmelerimiz devam ediyor. Ben, on beş yıl öncesinde Kuran okurken alttan alta kafama takılacak sorularla başedememekten korkardım. Gerçi Allah inancım, o zaman da, bir şeyi anlamıyorsam bunun benim eksikliğimle alakalı olduğu noktasındaydı. Böylece karşıma çıkan her şeyi ne olursa olsun kabul etmeye hazırdım, bugün daha da hazırım. Çünkü "ne olursa olsun"un muhtevasını biliyorum. Tabii bu sorgusuz kabul, mutlaka yapıldığını düşündüğüm, insanlardan kaynaklanan, doğal olarak da erkeklerin yaptığı yanlışları –yanlış çeviri, yanlış anlama, yanlış yorum, yanlış içtihat, yanlış fetva, mevzu hadis, vs.– tamamen ayıkladıktan sonrası için söz konusuydu. Bu ayıklama sürecinden sonra, kafama takılacak bir şey olmayacağına dair bir beklenti vardı, ama bu beklentiye bağlı olarak belli belirsiz "ya böyle olmazsa" korkusu da. Bugün bütün bu beklenti ve korkuları aşmış durumdayım. Kuran ayetlerine "böyle olmayabilir, bir aslını araştırayım," diye yaklaştığınızda gerçekten sürprizlerle karşılaşıyorsunuz. Gerçi benim için fazla sürpriz olmuyor ama, mesela erkek egemen bakıştan kurtulma çabası içinde olan, iyi Arapça bilen erkek arkadaşlar veya yakınlarıma, "acaba gerçekten böyle mi deniyor?" dediğimde ve birlikte

Arapçasına baktığımızda onlar, "nasıl olur, bunca zaman nasıl fark etmedim," filan diyorlar. Artık, "nasıl olsa aslını araştırdığımda başka bir şey çıkacak" duygusunu yaşıyorum.

Cemaatleri çok yakından tanıyan biri değilim, bu yüzden değişmeleri doğru değerlendiremeyebilirim. Ancak bildiğim evlilik öncesinde genç kızların sorunlardan daha bihaber, daha pembe gözlüklü oldukları. Kadın-erkek ilişkilerindeki çarpıklık en çok evlilik içinde ortaya çıkıyor veya fark edilebiliyor. Kızlar kendi ailelerinde yaşadıklarını, cehalete, geleneğe atfedip geçiştirebiliyorlar. Kendi kuracakları ailenin çok farklı olacağını düşünüyorlar. Öğrenim ve iş hayatında karşılaşılanlar ise yoğun bir başörtüsü probleminin ardına gizlenmiş durumda. Yasağın, kadın oluşlarıyla bağlantısını kuramıyorlar. Bu alanda baskıya maruz kalınanlar erkek egemen sisteme değil, yalnızca sisteme bağlanıyor. Başörtü problemi her şeyin önüne geçmiş durumda ve aslında bu durum İslamcı erkeklerin de işine geliyor. Çalışma hayatında yasağa maruz kalan kadınlar, ailelerindeki diğer bütün problemleri, bu problemin gerisine düşerek gözardı ettiler. Bu yüzden dindar kadın için bu problem devam ettikçe, İslami kesimde kadın-erkek ilişkileri konusunda sağlıklı değerlendirmenin sürekli erteleneceğine inanıyorum.

Bu son yirmi yılın dindar kadınlar için bilançosunu çıkartabilir misin?

Başörtüsü yasağının bedelini sadece kadınlar ödüyorlar. Okulunu, mesleğini bırakanlar gelecek umutlarını da yitiriyorlar. Başörtüsünü terk edenler, peruk takanlar ise tam bir ikilem içinde, kişilik parçalanması yaşıyorlar. Utanç ve suçluluk duygularıyla ruh sağlıklarını kaybedenler de var. Hâlâ direnenler tek başlarına, çaresiz, korku ve tedirginlik içinde başlarına gelecekleri bekliyorlar. Bütün bu insanlar, inanmanın, dini duyarlılığın bedelini sadece kendileri öderken tek başlarına bırakıldıklarını düşünüyorlar. Artık ne devlete, ne politikacılara, ne ailelerine ne de aynı inancı paylaştıkları erkeklere güveniyorlar. Farklı kesimlerin onlar üzerinden oynadığı bir büyük oyunun kurbanları olduklarını, ne yapsalar oyunun bir parçası haline geldiklerini hissediyorlar.

Bunun dışında evli dindar kadınların yavaş ama derinden seyreden bilinçlenme sürecinin, haklarını öğrenme ve bunları hayata geçirme çabalarının farklı durumlarda, farklı sonuçlara yol açtığını düşünüyorum. Bazı kadınlar bu süreci eşleriyle paylaşma şansına sahipler. Birlikte öğrenip birlikte olmayı, olgunlaşmayı sürdürüyorlar. Böyle şanslı olmayanların bir kısmı, kendilerini ukala, dik kafalı, uyumsuz bulan eşleriyle, hatta çevreleriyle yaşamaya çalışıyorlar. "Uyumsuzluğu" had safhada olanlar işi boşanmaya kadar vardırıyorlar. Bunun bedelini de çocuklar ödüyor ne yazık ki.

Bir de çoğu toplumun alt katmanlarından gelen dindar kesimin son yıllardaki kapitalistleşme süreciyle ilgili yaşananlar var. Toplumun geneline egemen olan köşe dönmeci zihniyet, dünya nimetlerinden yararlanma talebi, doğal olarak dindar kesime de sirayet etti. Söz konusu zihniyetin maddi imkânlarla birleşmesiyle, bu insanların eski durumlarını paylaşan eşlerinden uzaklaşıp, onları varlıklı ve güçlü halleriyle tanıyan yeni ve genç eşlerin peşine düştüklerini gözlüyoruz. Diğer kesimlerde herhangi bir meşrulaştırma gereği duyulmaksızın yaşanan bu ilişkiler, dindar kesimde dini meşruiyete sığınılarak gerçekleştiriliyor. Son yirmi yılın dindar kadınlar açısından oldukça ağır bedellerinden biri de bu.

•

Ankara'da bir "laik tartışma grubu"na İslami hareketleri anlatmak için davet edilmiştim. Orada kendisini feminist olarak tanımlayan biriyle aramızda şöyle bir diyalog geçmişti:
– İslami kesimde de feministler var, neden onlarla ilişki kurmuyorsunuz?
– Hem İslamcı hem feminist olunamaz.
– Neden?
– Çünkü Kuran buna izin vermez.

7. Laik feminist çevrelere hâkim olan "hem dindar hem feminist" olunamayacağı mantığı, "hem dindar hem sosyalist" olunamayacağı mantığını hatırlatıyor. Malatya'da radikal İslamcı bir radyoda, canlı yayında "dindarlar da sosyalist olabilir" demiştim ve küçük çaplı bir infiale sebep olmuştum; hatta genç bir İslamcı radyonun çıkışında öfkeli bir şekilde "kanıtın var mı?" diye hesap sormaya kalkmıştı. Aynı cümleyi İstanbul Bilar'daki bir panelde sarfettiğimde solcu bir dinleyici, herkesin duyacağı bir şekilde küfrederek salonu terk etti. Panel yöneticisi de hiç sesini çıkarmayarak onunla aynı duyguları paylaştığını göstermiş oldu.

– Size ne, bu onların sorunu...
– Yok, bu esas bizim sorunumuz.[7]

Hıristiyanlar, yahudiler, hindular, budistler pekâlâ feminist olabiliyorlar; birçok ülkede feministler, dindarları, kimliklerini terk etmeden kendi saflarına çekebilmek için özel gayret sarfediyor, bu amaçla ayrı örgütlenmelere gidiyorlar. Bunun dışında, dünyanın değişik bölgelerinde dinsel örgütlenmelerle feministler çatışabildikleri gibi, kimi somut durumlarda ortak da hareket edebiliyorlar. Fakat iş İslam'a ve müslümanlara gelince nedense her şey tersine dönüyor ve yukarıdakine benzer diyaloglar yaşanıyor.

Sol hareketlerde kadına sunulan "bacı" statüsünü sorgulayarak feministleşme sürecine girmiş olan kişilerin, benzer bir statünün cenderesinden çıkabilmek için çabalayan İslamcı hemcinslerini[8] daha iyi anlamaları beklenebilirdi. Galiba solcu veya sol kökenli feministleri burada yanıltan veya işkillendiren, kendilerinin yenilgi sonrası keşfettikleri "kadın bakış açısı"nı, bazı İslamcıların, tam aksine yükseliş döneminde sahiplenmeleriydi.

Halbuki, 1980 ortalarından itibaren bellibaşlı feminist argümanları seslendiren kadınların önemli bir bölümünün İslamcılık öncesi bir politik (çoğunlukla ülkücü) geçmişlerinin bulunduğu ve tıpkı sol kökenli hemcinsleri gibi geçmişin –yani yenilginin- muhasebesini yaparken feminizmle tanışmış oldukları bilinse, bilinmek istense, işler daha da kolaylaşabilirdi. Zaten İslamcılaşmaları nedeniyle eski çevrelerinin sert tepkileriyle karşılaşan ülkücü kökenli kadınların, sol geçmişlerini gizlemeyen, hatta bazı durumda sahiplenen "feminist" kadınlarla ilişkiye geçebilmeleri ayrıca zordu.

Yıldız Ramazanoğlu "1980'li yıllarda tesettürlü kadınlar verdikleri mücadelede feminist kadınları hiçbir aşamada yanlarında bulmadılar. O dönemde İslami değerleri ileri sürerek kadını eve çağıran erkeklerle 'örtüneceksiniz evinize' diyen Kemalist yazarların yolları garip bir tecelliyle çakışırken durumu görmezden gelen feministler bu ortak tutucu erkek söyleme katılmakta, rüzgârlarını onlarla birleştirmekte bir mahzur görmemişlerdir," deyip hemen parantez açarak ekliyor:

---

8. İslami harekette kadının bacı konumunun ayrıntılı ve sistematik bir özeleştirisi için bakınız Cihan Aktaş, "Bacıdan Bayana", *Birikim*, sayı 137, Eylül 2000.
9. Yıldız Ramazanoğlu, "Yol Ayrımında İslamcı ve Feminist Kadınlar", *Osmanlıdan Cumhuriyete...*, s. 152.

"Feministler arasında örtünmeye ilkesel bazda karşı olmakla beraber, örtünmek ve kamusal hayatta yerini almak isteyen kadınların bu taleplerini destekleyen görüşler de yankı bulmaktadır. Bu noktada onların tenzih edilmesi bir borçtur."[9]

Yine de iki kanat arasında Muallâ Gülnaz'ın da belirttiği gibi dönem dönem bazı temaslar ve diyalog girişimleri yaşandı. Aşağıda bazı bölümlerini yayımladığımız metin bu ilişkinin ne kadar zor olduğuna çarpıcı bir örnek oluşturuyor:

"KADINLARA RAĞMEN KADINLAR İÇİN" TAVRINA BİR ELEŞTİRİ

Ankaralı Bir Grup Müslüman Kadın:
Aysel Kurter, Elif H. Toros, Günay Ermez, Güler Kiracı, Yıldız Kavuncu, Muallâ Gülnaz, Nermin Öztürk, Aynur Can, Zeynep Türkân, Nesrin Tunç
Sosyalist Feminist Kaktüs, Aralık 1988

İçinde bulunduğumuz durumu, müslümanlığımızı, kadınlığımızı sorgularken feminist birikimden yararlanmamız, ya da feministlerle bazı çakışma noktalarımızın olması son derece doğaldı, –hâlâ öyle–. Çünkü nereye ve hangi tarih parçasına giderseniz gidin, erkek egemen ideoloji, cinsiyetçilik ve kadının baskı altında tutulması gibi ortak temalara rastlamak mümkündür. Ve ne yazık ki müslümanlar da bizim yaşadığımız coğrafyadan başlayarak böyle bir durumdan müstağni değillerdir... Sosyalist, laik ya da müslüman olmak, kadın olarak baskı altında tutulmayacağımızın bir garantisi olamaz. Ezilen konumdaki insanlar olarak, başka kadınlarla veya feministlerle benzer bir dil konuşmak bizi hiç rahatsız etmedi. Çünkü kim ve ne olduğumuzun farkındaydık, farkındayız. Bizler yalnızca müslümanlarız... Biz topyekün kadınlarla ve kadınların kadın olarak yüz yüze geldikleri sorunlar yumağı ile ilgiliyiz. Yapay adlandırmalar, kalıp yargılarla geçirilecek zamanımız da yok. Size hatırlatmak istediğimiz, anlamaya hiçbir biçimde yanaşmadığınız ve yanaşmaya da niyet etmediğiniz bir hayat ve düşünce biçimine yüklediğiniz "Siz kadınları kurtaramazsınız, kadınları kurtarmak bizim tekelimizdedir" önermesinin egemen olduğu bir söylemle maalesef kadınları "kurtaramayacağınız" hususudur. "Kadınlara rağmen kadınlar için" söylemini anti-demokratik, ötesinde de kadınlar açısından olumsuz buluyoruz...

Kadınlarla diyalog kurmaktaki amacınız ortak ezilme noktalarını tartışmak ve iletişim kurmaktan öte, eteklerinizin ucunda diz çökmelerini istediğiniz kadın çömezlerinize feminizmin kavramlarını ve mücadele perspektifini, daha da önemlisi onları feministlerden başka kimsenin ya da hiçbir ideolojinin, dinin kurtaramayacağını anlatmak / öğretmek! Buradan hareketle birlikte eylem yapmak, dayanışmak elbette mümkün değil. "Kadınlar için dayanışma" derken, bizler örneğin sizin "dayanışma"dan, iktidarınızı örgütlemek üzere kullanabileceğiniz bir eylemler topluluğunu kastettiğinizi düşünüyoruz. Kadınların kurtuluşuna evet, ama yalnız sizlerin öngördüğü biçim ve yollarla...

Feminist hareket tıpkı sosyalist hareket gibi kendisini jakoben, tekçi ve laik cumhuriyet ideolojisinden, yani Kemalizmden ayrıştırmak zorundadır...

Şimdi sizin kelimelerinizle konuşursak, bizim müslümanlığımızla kadın olarak ezilmeyi reddedişimiz arasında bir çelişki varsa –ki bize göre, belki üzüleceksiniz ama belirtelim, ne büyük bir mutluluk ki yok!– bu tamamen bizim sorunumuz. Moda gibi kapitalist tüketim normlarının yarattığı bir olguya duyduğunuz derin bağlılık, geleneksel dişi kimliğini sürdüren giyim kuşamınız ne kadar sizin sorununuzsa, başörtüsünün bizi cinselliğimize ve doğurganlığımıza hapsedip etmediği de o kadar bizim sorunumuz.

BİR ÖZGÜRLEŞME İMKÂNI OLARAK TÜRBAN

TÜRKİYE'DE İslami hareketin yükselişine paralel olarak 1980'li yılların ortalarından itibaren bir avuç üniversiteli kız, vücut hatlarını belli etmeyecek şekilde pardesü giyip başlarını şık örtülerle örterek okullarına gitmeye başladı. Bu öğrencilerin bir kısmı muhafazakâr ailelerden geliyordu ve zaten başlarını örterek büyümüşlerdi.[1] Fakat bir kısmı da ailelerinin,[2] yakın çevrelerinin, kimi zaman da bağlı bulunduk-

---

[1]. "Fatma" bu tür kadınlara örnek gösterilebilir: "Namaz eğitimimizi çok küçük yaşlarda almıştık. İlkokulu bitirdiğimizde de babam hepimize birer eşarp almıştı. Ancak çevremizde örtülü hiç kimse bulunmadığı için, buna eğilimimiz yoktu. Aksine yaygın bir ateizm modası vardı ve Allah'a inanmak bile ciddi bir ayrıcalıktı. Bu yüzden biz eşarplarımızı cebimizde taşır, babamızı gördüğümüz an örterdik. Eve girerken örter, çıkarken açardık. Ancak bir süre sonra ablamlar örtündüler. Ben bir sene daha direndim. Bunda babamın tartışmaya açık olmayan katı tutumunun çok etkisi vardı. Nihayet ortaokul 3. sınıfa geçtiğimde ben de örtündüm ve Adana'da örtülülerden oluşan bir grup oluşturduk. Daha önce muhalif olmama rağmen, örtündükten sonra olaya şöyle bakmaya başladım: 'Din bu! Biz de Allah'ın kuluyuz. O bizden ne isterse doğrusunu ister. Biz de, hangi zaman ve zeminde olursa olsun, neye mal olursa olsun, bunu yapmak zorundayız!.. Akıncılar Birliği'nin de hanımlar kolu olduk. Bir toplantı olduğunda, biz yedi genç kız pek çok hanımı toparlıyor, bu toplantılara getiriyorduk. Zaman zaman Akıncılar Birliği'ndeki erkeklerden, 'Otobüse binmeyin!' vb. talepler ve müdahaleler geliyordu; ancak biz eve kapanmak diye bir şeyi hiçbir zaman düşünmediğimiz için, bu talepleri ciddiye almıyorduk. Sürekli okumamız, hayatın içinde olmamız, örnek olmamız ve tebliğde bulunmamız gerektiğini düşünüyorduk. Ve biz dindarlaşıp örtündükten sonra, babam çok memnun oldu. Ne istersek isteyelim, bir dediğimiz iki edilmedi. Çocuk yaşta kapının önüne çıkıp oynamamız problemken, bu süreçten sonra gece saat on ikide eve geldiğimizde, babam 'Nereden geliyorsun?' diye bile sormadı. Böylece özgürlüğümüze kavuştuk. (H. Ş. Tuksal, "Başörtüsü Hikâyeleri", *İslâmiyât III*, Nisan-Haziran 2000, sayı 2, s. 134-9)

[2]. Bu olgu genellikle ihmal ediliyor, ama gözden kaçırmayanlar da var: "Örtündüğü için ailesi tarafından dışlanan kızların çoğunluğu örtünmeye üniversitede baş-

ları İslami cemaatlerin arzu ve onayı hilafına, hatta kimi durumda onlarla çatışarak bu şekilde okumak istediklerinde "türban –kendi deyimleriyle başörtüsü– sorunu[3]" patlak verdi.

12 Eylül 1980 askeri darbesinden sonra ilk örnekleri görünen üniversitelerdeki başörtme yasağı, 15 Haziran 1984'te YÖK'ün türbanı "modern kıyafet" kabul etmesiyle kalktı. Ancak 9 Ocak 1987'de YÖK Disiplin Yönetmeliği'ne eklenen "çağdaş kıyafet zorunluluğu" ile birlikte yeniden gündeme gelen yasak, günümüzde hâlâ süren çok ciddi bir sorunu başlattı.

İlk türban eylemi, daha yasak yürürlüğe girmeden Beyazıt'ta İstanbul Üniversitesi merkez binası önünde yedi öğrencinin oturma eylemiyle başladı. Çok sayıda kız ve erkek öğrencinin katılım ve desteğiyle ülke çapında bir olaya dönüşen eylem her kesimde tam bir şaşkınlığa yol açtı. Şokun esas nedeni, dindarların ilk kez sahici bir şekilde devletin bir uygulamasını protesto etmesi, daha önemlisi ilk kez dindar kadınların "sokağa dökülmesi"ydi.

Beyazıt'ta 22 gün süren bu eylemin ardından türban sorunu kimi zaman gevşeyip kimi zaman alabildiğine sertleşerek Türkiye'nin gündemini belirledi. Ve bu sorun, dindar kadına erkek boyunduruğundan kurtulabilmesi için muazzam bir tarihi fırsat sunmuştu.[4]

Neden Türban?

Sorunun dört boyutu vardı: 1) Dinsel boyut: Kızlar İslami inanışları gereği, günah işlememek için örtündüklerini söylüyorlardı; 2) Siyasal boyut: Türban eylemleri hemen İslami hareketin düzene karşı en ciddi (belki de tek) faaliyeti olarak sivrildi; 3) İnsan hakları boyutu: Türban yasağı kamuoyunun belli bir bölümü tarafından açık bir hak ihlali ola-

---

lıyorlar. Bunlardan bazıları sadece örtüyle değil, İslam'la da üniversitede tanışmaktadırlar. Bu şekilde üniversitede örtündüğü için ailesi tarafından evden kovulan tanıdığım birkaç arkadaşım var. Sosyal tarihimiz açısından çok acı bir durum bu. (Z. Oğuzhan, *Bir Başörtüsü Günlüğü*, İz Yayıncılık, 1998, s. 211)

3. Türban mı, başörtüsü mü ikilemi etrafında sonsuz terminoloji tartışmaları yapılabilir. Şahsen, çok ısrarcı olmamakla birlikte "türban"ın daha açıklayıcı olduğu kanısındayım.

4. Türbanın yaygınlaşmasında siyasal İslam'ın yükselişi kadar, hatta ondan daha da önemlisi İmam Hatiplerin kız bölümlerinin iyice kurumsallaşması ve üniversitelerde buralardan mezun olan kızların sayısının artması belirleyici olmuştur. Genellikle ihmal edilen –ettiğim– bu olguyu hatırlattığı için Fatma Karabıyık Barbarosoğlu'na teşekkür ederim.

rak görüldü; 4) Toplumsal cinsiyet boyutu: Türban eninde sonunda kadınların bir sorunuydu. Bunun giderek bir kriz halini almasının nedeni de esasında buydu; yani olayın aktörlerinin kadınlar (üstelik dindar!) olmasıydı.[5]

Türbanın ilk olarak dinsel bir olay olarak ortaya çıktığını söylemek yanlış olmayacaktır. İslam'ın, devletin de onay ve teşviğiyle kamusal alana güçlü bir şekilde döndüğü 1980'li yıllarda "dinim gereği örtünüyorum," cümlesinin meşruiyeti tartışılmazdı. Fakat işin içine hemen siyaset girdi ve belirleyici olmaya başladı. İktidarı sırayla paylaşan sağ muhafazakâr partiler, reel politika gereği ne yasağı savunup kitle tabanlarıyla, ne yasağı kaldırıp egemen güçlerle ters düşmeyi göze alabiliyorlardı. Merkez sağ partilerin bu çaresizliği, RP, MÇP (sonra MHP), BBP, YDP gibi İslam'la şu ya da bu şekilde ilişkili diğer partilerin iştahını daha da artırıyor ve onların tazyikiyle sorun daha da büyüyordu.[6] O güne kadar teori üretmekten öteye gidememiş, ülke gündemine müdahale edememiş radikal İslamcılara da, başörtüsü gibi meşru ve haklı bir zemin üzerinden siyaset yapmak çok çekici gelmişti. Radikallerin, başörtüsü üzerinden devletle hesaplaşma gayretleri, stratejilerini sistemle karşılıklı tavizler üzerine oturtmuş olan geleneksel cemaatleri epey ürkütüyordu.

Yıllarca her türlü hak talebini "anarşi ve terör" olarak tanımlayagelmiş olan geleneksel İslami camia, dindar kızları sokakta görmenin şokunu ve bunun doğurabileceği sonuçların endişesini uzun bir süre üzerinden atamadı. Bazıları, eyleme bir an önce son verilmesini isterken, kimileri dindar kızların üniversite okumasının doğru olmadığını savunmaya başladı. Kuşkusuz en sert tepki, o günlerde henüz bir "medya starı" haline gelmemiş olan Fethullah Gülen'den geldi. Gülen, 26 Şubat 1989'da İzmir Hisar Camii'nde sokaklara taşan bir kalabalı-

---

5. Ancak ileride irdeleyeceğimiz gibi, "toplumsal cinsiyet" boyutu, olayın aktörleri tarafından genellikle bilinçli bir şekilde öne çıkarılmadı, üstü örtüldü. Onun yerine diğer üç boyuttan hangisinin belirleyici, hangisinin tali olduğu yolunda aralarında uzun uzun tartıştılar.

6. Necmettin Erbakan, "İktidarımızda rektörler başörtülülere selam duracak," diyerek karşılıklı anlayış çerçevesinde soruna bir çözüm bulunmasına cevaz vermedi ve onun başbakanlığı dönemi türbanlıların en kara günlerine, yenilgilerinin kesinleşmesine tanıklık etti. Aynı şekilde, 1999 seçimleri öncesi "Ürkekçe değil, erkekçe" bu sorunu çözmeyi vadeden ve bu sayede oylarını artırdığı kesin olan MHP de, ilk olarak başörtülü Antalya Milletvekili Nesrin Ünal'a TBMM içinde başını açtırdı; ardından çözümü muğlak bir tarihe erteledi.

ğa verdiği ve aynı anda otuzbeş camide birden yayımlanan vaazda türban eylemlerine açıkça tavır aldı: "Çok yakın arkadaşlarımız fotoğraflarıyla tespit ettiler. Sultanahmet'te olan hadisenin arkasında da esas din düşmanları var. Sözde türban adına yürüyorum diyenler, istihbarat örgütlerince derdest edilince, bu başörtülü, mantolu veya çarşaflı kadınların çoğu erkek olarak çıktı ortaya. Ve bunların çoğu bir kostüm dükkânından nasılsa İslami kıyafetler almış, kendini sokağa atmış açık saçık kadınlar olduğu tebeyyün etti..."[7] Devlete itaatı şiar edinmiş kesimlerin çabaları, öğrencilerin taleplerinin "İslamiliği" ve haklılığı nedeniyle pek işe yaramadı. Çünkü artık ülkede İslami hareketin yükselişinin en önemli simgesi olarak türban ve türbanlı öğrencilerin sayısının artması görülür olmuştu; dolayısıyla bu davanın kaybedilmesi, tüm İslami hareketin yenilgisi olarak kayda geçecekti.

"Küfür Düzeni"ni Teşhir

İslamcılar aralarında, başlangıçta türbanın "dini mi, siyasi mi" olduğunu tartıştılar. Türbanı sadece ama sadece dinleri gereği taktıklarını söyleyen bazı kızlar, bu yolla toplumun kalbine ve vicdanına seslenmeyi ve böylelikle de desteklerini genişletmeyi hedefliyorlardı. Buna karşılık radikaller türbana esas olarak siyasi açıdan bakıp, bu yolla "küfür düzeni"ni teşhir etmeyi hedefliyorlardı.[8] Bu noktada "radikal" bakışın sistemli bir ifadesini Macide Göç'ün şu satırlarında buluyoruz:

"Başörtüsü direnişleri sırasında devlet güçlerinin direnişçi müslümanları 'üniversitede başörtüsü takmanın siyasi amaçlı olduğu' şeklinde suçlayıp siyasi bir soruşturmayla muhatap kalabileceklerini ima ederek korkutmaya çalışmaları, müslümanlarca taktik bir saldırı olarak görülmüş ve 'başörtüsünün inancımız gereği' olduğu vurgusu ön plana çıkarılmıştı. Ancak devletin bu ithamına başörtülü kızların ve müslüman çevrelerin ilk başta verdiği söz konusu cevap, daha sonra siyasetten kopuk bir inanç anlayışı içinde içselleştirilmeye başlandı. Bu tutum müslüman kadın kimliğinin kazanılması sürecini olumsuz

---

7. *İmza*, özel ek, Aralık 1989-Ocak 1990.
8. Şu türden satırlarla birçok radikal yayında karşılaşmak mümkündür: "Başörtüsüne karşı saldırı, İslam'a ve Allah'ın ayetlerine yöneliktir. Bu saldırının muhatabı, başörtüsünü bir aksesuar olarak takanlar değil, müslüman kadının onuru ve kimliği olarak görenlerdir." Ayşe Gül Çetin, *Şahitlik*, s. 213.

olarak etkilemiştir ve etkilemektedir. İslam'ın hayata müdahalesini engellemek ve onu sadece vicdanlara hapsetmek isteyenler, yeri geldiğinde 'din ideoloji değildir' deyip, Kuran'ın bir hükmü olan başörtüsünü siyasi olarak nitelemekte ve suç saymaktadır. Elbette başörtüsü sadece siyaset yapmak için takılmaz. İslam'ın toplumu dönüştürme ve iktidar mücadelesi ne kadar siyasi ise, müslümanın namazı da, orucu da, örtüsü de o kadar siyasidir. Elbette başörtüsü inanç gereği takılır. Ama bu inanç vahiy temellidir ve vahyin insan ve toplum hayatında sosyalleştirilmesi gerekmektedir."

Geç Keşfedilen İnsan Hakları

Olayın insan hakları boyutu, uzun bir süre, –herhalde daha 28 Şubat sürecine epey vakit olduğu, yani İslamcılar "demokrasi, hak ve özgürlükler, sivil toplum" gibi değerleri henüz keşfetmemiş oldukları için– ihmal edildi. Ancak devletin ve YÖK'ün işi sıkı tutmasının ardından davanın kaybedileceğinin sezilmesiyle birlikte kimi İslamcı kadınlar, türbanı esas olarak bir insan hakları sorunu olarak ortaya koymaya çalıştılar. Bu yolla İslamcı olmayan kesimleri de davalarına sahip çıkmaya çağırdılar. Sorunun Avrupa İnsan Hakları Mahkemesi'ne taşınmasında da aynı yaklaşım etkili oldu. İnsan hakları boyutunun bu şekilde öne çıkarılması, türbanın dinsel ve siyasal meşruiyetinin geri plana atılması ister istemez, kendileri gibi olmayanların hak ve özgürlüklerini savunma, gerekirse bu uğurda mücadele verme zorunluklarını da beraberinde getirdi.[9]

Tabii bu zorunluğa tüm İslamcıların uyduğu söylenemez. Hatta türban üzerinden "herkesin" hak ve özgürlüklerini savunma noktasına gelen İslamcıların sayısının hayli düşük olduğu, yine de bu az sayının bile geleneksel İslami camiada infiale yol açtığı açıktır. Örneğin tesettürlü bazı kadınların Cumartesi annelerine destek vermesi, bazı İslamcı kadın yazarların F tipi cezaevlerine karşı direnen devrimcileri

---

9. Sayıları iyice azalan radikal İslamcı dergilerin en istikrarlılarından *Haksöz*'ün Kasım 1997 sayısında bu "yeni" yaklaşımlar şöyle eleştiriliyordu: "Eyleme destek verme amacıyla yayın yapan İslami nitelikli basının bir bölümü ve eyleme katkı sağlamak için direnen öğrencileri ziyarete gelen kişi ve kuruluşların birçoğunun konuyu İslami mücadele bütünlüğü içinde ele alma basiretine sahip olmadıkları ortada. Kimisi ideolojik tutarsızlık ve bulanıklıkları yüzünden, kimisi de pragmatist birtakım hesaplarla konuyu eğitim hakkının gaspı ya da hukuk ihlali ve benzeri bazı dar alanlara hapseden bir tutum içine girmekteler."

övmesi kimi üst düzey cemaat yöneticilerinin tüylerini diken diken etmeye yetmiştir.

"Ötekinin hakkı" söz konusu olduğunda nedense en çok "mini etek" örneği verildi. İlk başlarda medyanın "ya mini etek?" sorusuna kaçamak karşılıklar veren türbanlılar, kendi sorunlarının iyice çözümsüz bir hal almasıyla "isteyen mini etek giysin, isteyen başını örtsün" demeye başladılar. Ama olaya "radikal İslamcı" perspektiften bakan Macide Göç gibi kişiler hâlâ bu tür bir çoğulcu anlayışın kabul edilemeyeceğini savunuyorlar: "Başörtüsü vahyi bir emirken, kapitalist tüketim kültürünün ürettiği mini etek vahiy karşıtı bir ifsad halidir. Başörtüsü insan hakları içinde değerlendirilebilir; ancak toplumsal hayatta ifsadı yaygınlaştıran vahye aykırı tutum ve davranışların bu kapsam içinde görülmesi söz konusu olmamalıdır."[10]

Erkek Eylemi Olarak Türban

Olayın dördüncü, yani "toplumsal cinsiyet" boyutuna dikkat çekenlerin az olduğunu söylemiştik. İşte bunlardan biri olan Elif H. Toros, "kadınların kamusal alandaki varlıklarına tebliğin bir gereği olarak bakanlar erkeklerdir, kadınlar değil," diyerek bu söylemin "28 Şubat'la birlikte bozuma uğradığını"[11] söylüyor. Toros bu sözleriyle türbanlıların sadece devlete ve onun temellerine değil, bir dizi geleneksel kültürel ve toplumsal iktidara, tabii bu arada İslami hareketliliğe tam anlamıyla hâkim olan "kadın düşmanı" zihniyete de kafa tuttuklarını ima ediyor.

Ancak bu uzun sürmedi, hareketin toplumsal cinsiyet boyutu öne çıkar gibi olduğunda, diğer bir deyişle hareket feminist görünümler almaya başladığında erkek İslamcılar müdahale etti. Örneğin kız öğrenciler Beyazıt'ta eylem yaparken, çevrenin düzenlenmesi işini İÜ Hukuk Fakültesi ve Yıldız Üniversitesi'nden iki ayrı erkek grubu üstlendi. Bütün bunlar, hiç kuşkusuz "İslami dayanışma" adına yapılıyordu. Yine hiç kuşkusuz hedef, türban eylemini bir "kadın eylemi" olmaktan çıkarıp, "İslamcı", dolayısıyla da "erkek denetiminde" bir eyleme dönüştürmekti.

İslamcı erkekler, bu süre zarfında başörtüsü yasağından, kadınlar

---

10. Macide Göç, *Şahitlik*, s. 178.
11. Elif H. Toros, "Hayat, Hikâyeler ve Suskunluğa Dair", *Osmanlıdan Cumhuriyete...*, s. 192-94.

BİR ÖZGÜRLEŞME İMKÂNI OLARAK TÜRBAN

kadar olmasa da kendilerinin de mağdur olduğunu ileri sürdüler. Fakat türbanın, hep gösterilmek istendiği gibi yalnızca kadınların değil erkeklerin de, yani tüm dindarların davası olduğu iddiası sayısız tanıklıkla tekzip edilmiş durumda. Örneğin eylemler sırasında bazı erkek öğrencilerin, "okula devam edemezsiniz, eve de dönemezsiniz" diye kız öğrencilere "kurtuluş" olarak evlenmeyi önerdikleri ve bunun sonucunda "sorunlu ailelerin temellerinin atıldığı" biliniyor:

"İslamcı çevrenin, özellikle İslamcı görüşe mensup erkek öğrencilerin yaklaşımları da dikkat çekiciydi. Onlar da başörtüsünün vazgeçilemezliğine inanmakla birlikte, bizlerin okumakta ısrar edişini saçma buluyordu, hepsi değilse bile büyük bir kısmı. Bizi desteklemelerinin birinci sebebi, davamıza gönülden inanmış olmaktan çok, bu semboller (sarık, başörtüsü, çarşaf, şalvar, sakal, vs.) dolayısıyla din ve halk düşmanlığı yapan daha çok yönetici-elit sınıfın kinine karşı bir mukavemet, mücadele, cihat isteği idi. Bizim başımızdaki insan hakları ihlali bu sisteme cevap vermek için bulunmaz bir fırsat sunuyordu. Bazıları da kızlara uzun soluklu bir insani mücadeleden öte bireysel çözümler sunuyorlardı. Bunun en yaygını ve banali de evlenme teklifi yaparak onları aile-okul arasında sıkışıp kalmaktan kurtarmaktı. Doğrusu bu evlenme girişimleri çoğunlukla başarısızlıkla sonuçlandı."[12]

Bazı erkekler de "okulu bir an önce bitirip meslek sahibi olmaları gerektiğini ve ev geçindireceklerini, kızların ise böyle bir kaygısı olmadığını, okumasalar da olabileceğini, bunun için eyleme katılarak derslerden geri kalamayacaklarını" söylüyorlardı.[13]

Türban eylemlerinin başlangıçta kadınlara nasıl bir özgürleşme fırsatı sunduğunu ve bu fırsatın nasıl kaçırıldığını, "Erkeklere gelince, onlar bizden yana değil, devlete karşı bir tavır almışlardı" diyen öğretmen Yeter Şahin'in tanıklığında görebiliyoruz:

"O dönemde müslümanlar arasında yöntem ve bakış farklılığı yoktu. Başörtü olayına karşı aldığı tutuma bakarak tarafımızı değerlendirdik. 87 kuşağı o duygusallığın verdiği ivmeyle birbirine yakınlaştı. Mesela okulun yanındaki mescide giderdik. Bakardık ki bir çanta poğaça. Ensar ve Muhacirlerle özdeşleşme yapıyorduk. Düzen çok

---

12. Ayşe Doğu'nun tanıklığı, Mazlum-Der, *Bütün Yönleriyle Başörtüsü Sorunu*, Genişletilmiş 2. Baskı, İstanbul, 1998, s. 277. Ayrıca Macide Göç, *Şahitlik*, s. 176.
13. Vildan Özcan Ünlü, Mazlum-Der, *Bütün Yönleriyle Başörtüsü Sorunu*, Genişletilmiş 2. Baskı, İstanbul, 1998, s. 221.

acımasızdı ve bizi birkaç yıl geriye itti. O mücadeleyi yaptık ama sonra bizi pasifize etti. Aslında biz bu olayı doğal olarak yaşadık ve sonucunda herhangi bir beklenti içine girmedik. Meydanın bu kadar çabuk doldurulacağını düşünemedik. Bizim aklımız başımıza geldiğinde kenara itilmiştik bile. Bizim aktivitemizin, safiyetimizin meyvelerini toplayacak ne çok duygu taciri varmış meğer. Örtü yasağı sadece düzenden gelen bir baskı değil; başörtülü, devlet ve muhafazakâr kesim arasında sıkıştırıldı. Türkiye'de şu anda ortalığı dolduran kadınlar müslüman kadınları yeterince temsil edemiyor ve gelenekten beslenen ve kendi çabalarıyla geliştirilen bir zihniyet yapıları yok. Onlar bizim boş bıraktığımız ara dönemi, geçici dönemi dolduruyorlar. Erkeklere gelince, onlar bizden yana değil, devlete karşı bir tavır almışlardı. Yaşadığımız duygusallık bizi birbirimize yaklaştırdı ve dünyayı yaşadığımız tecrübeden ibaret gördüğümüz için dini, siyasi kimliklerini öğrenmek bizim için yetiyordu. Başörtü yasağına karşı mücadele bizim gibi dini kaynaklarla beslenen herkesin özbeöz malıdır, kimsenin tekelinde değildir. Daha önce süregelen geleneğin yönünü değiştirdi ve eylemleri erkeksi bir hareket olarak gören erkekler hâlâ şaşkınlığını atamadı. Çünkü bu yasak direkt onları etkileyen bir olay değildi, bugüne kalabilecekleri bir olay da değildi. Hâlâ bizi bir yere oturtmuş sayılmazlar. Kavgamız hâlâ içten içe devam ediyor, ve bu harekette yerimizi de kendimiz almak durumundayız."[14]

Başörtülü kadınların değişik zaman dilimlerine yayılmış aşağıdaki tanıklıkları da bunun asıl olarak bir "kadın davası" olduğunu açık bir şekilde göz önüne seriyor:

"Liseden sonra tercihim olan tarih bölümünü kazandım. Aralık 1986'nın on beşinden sonra yasa söylentileri dolaşmaya başladı. 29 Aralık'ta büyük bir tantanayla yasak kararı uygulamaya geçildi. Kendimizi farklı görmediğimiz için, böyle bir uygulama olmaz diye inanmak istiyorduk, bu ülkenin yerlileri olarak seçilen kesimde biz de vardık. Kabullenmek istemesek de, sonra karar geldi. Ve biz içeri alınmadık. Diğer öğrenciler giriyor bizi ise kapıda bir kapıcı durduruyordu. Bu çok onur kırıcıydı. Ayrıca içeri girebilenler –ki bunların arasında İslami duyarlılığa sahip erkek öğrenciler de vardı– bir şey rica ederiz de mimlenirler diye bizden gözlerini kaçırıyor, selam vermiyorlardı."[15]

14. Yeter Şahin, *a.g.e.*, s. 226-27. 15. Nurcan Kıtır, *a.g.e.*, s. 223.

*

"Sabah heyecanla kalktım, eşimden izin almalıydım postahaneye gitmek için.

Korkuyordum –Ya bir de, gitme! derse– izin vermezse!..

Ben herkese telgraf çekin diye tenbihlerken gidemezsem, orada bulunmazsam ne olur diye.

Sonunda sabah tam işe giderken söyleyiverdim. Böyle bir şeyi ilk defa teklif ediyordum.

'Senden bir ricam var. Ama korkuyorum izin vermezsin' diye başladım söze ve söyleyiverdim isteğimi.

Allah'a şükür izin verdi. O gün heyecanla Kursa gittim. Telgraf yazmak isteyenlere ben yazıyordum.

Ertesi sabah 1.5 yaşındaki bebeğimi ve ilkokula giden kızımı aldım. Yatılıda okuyan kızımın öğretmenine telefon ettim. 'Kızım size emanet' dedim. Komşularımla tek tek helalleştim.

İçimden belki geri gelmeyebilirim düşüncesi vardı. Eşimden izin istedim.

'Ben Evren'den gidip hesap soracağım,' dedim. Şaka yapıyorum sandı. Gideceğime ihtimal vermeyerek,

'Geç kalmışsın, dünden gitseydin,' dedi.

Bu, benim için yeterli izin belgesiydi. Sabah kalktım, çok heyecanlıydım. Erkenden birkaç bildiri yazdım. Ölürsem veya beni konuşturmazlarsa bu bildirilerle sesimi duyururum dedim."[16]

*

"Bizim Eczacılık günümüz vardı, 14 Mayıs. O gün çeşitli yarışmalar vardı. On gün süreyle kütüphaneye gidip yarışmalara hazırlanmıştım. Son gittiğim gün okul sekreteri de oradaydı. Kütüphane görevlisine, bunları kesinlikle kütüphaneye sokmayacaksın, dedi. Yaşlı bir bayan vardı, kütüphane görevlisi. Kızım ne olursun aç başını gir, yazını tamamla, dedi. Bak kütüphanede kimse yok. Hakkın zayi olmasın."[17]

*

16. Şerife Katırcı, *a.g.e.*, s. 207.   17. Nurhan Kafadenk, *a.g.e.*, s. 218.

"Babam şöyle demişti: Git, Taksim'den pösteke gibi bir peruk al, tak, görsünler saçsa işte bu da saç. Önemli olan saçın görünmesi değildi. Zorla başörtüyü çıkarmak. Çıkardıktan sonra saçım da görülse olur. Derslere, laboratuvarlara bir alt sınıfta devam etmek zorunda kaldım. Hem örtüsünü açıp devam edenlerle, hem alt sınıfla diyaloğum eski haline, o tabi haline dönmedi. Daha sonradan da onlara bunu hatırlattım. Siz de çok şey kazanmadınız dedim. Çok bozuldular. Onlar da vaktinde okulu tamamlayamadılar. Ve bu ezikliği de her zaman hissettiler. Fakat onların tavrı bize daha çok zaman kaybettirdi. Sonradan solcu bir arkadaş sormuştu. İki tür müslümanlık mı var, siz de o komik perukları takıp devam etseydiniz, bir yıl kaybetmeyecektiniz. Pişman mısınız? Hayır, dedim. Bunun için bir yılım feda olsun. Tebrik edip gitti."[18]

*

"O aralar hep Ankebut suresini okuyordum. Dünya zevklerinin geçici olduğunu, başımı açsam bile bunun hesabını veremeyeceğimi yazdım. O arada iş arıyordum. Hiç olmazsa maddi olarak yük olmayayım diye. Bu meseleler beni o kadar meşgul ediyordu ki, diş için doktora gitmiştim. Morfin ağır gelince bayılmışım."[19]

*

"Lise II'nin başında hemen sıkıştırmaya başladılar. Değişik görüşlü öğretmenler geldi. Onların baskısıyla birlikte bir Arapça öğretmenimiz vardı, Mekke'de okumuş, kendisi kadrolu değildi. Bize tesettürün öneminden söz ediyor, ona layık olmak gerektiğini tavsiye ediyordu. Hüseyin Haskırış, hemen sakalını kesti. Bize de "Ben sakalımı kestim, siz de başınızı açacaksınız," dedi. Biz kabul etmedik. Arapça derslerine bizi almadı. Biz de mescidde oturduk. Yine bir siyer hocamız siz başınızı açın, ben gözlerimi kapatarak ders anlatacağım, dedi. Biz yine açmadık, bir arkadaş soru sordu, hoca da döndü baktı. O zaman biz başımızı açsaydık bize bakacaktınız, dedik. Utandı, bize ısrarlı davranmaktan vazgeçti. Sınıfta 6 kişi kaldık örtülü. Bir gün biz yine gazetelere gitmiştik. O gün başını en önce açan kişilere üç gün uzaklaştır-

---

18. Vildan Özcan Ünlü, *a.g.e.*, s. 221-22.
19. Rahmiye Aydoğdu, *a.g.e.*, s. 228.

ma cezası gelmiş. Çok kızdılar. Devamlı bizi sınıfı bölmekle suçluyorlardı. Aramıza nifak girmişti. Bütün bu olaylar 1982'nin ilk ayı içinde oldu. Daha sonra Milli Güvenlik dersine bir asker geldi. Asıl Milli Güvenlik Hocamız albaydı, dindardı. Kızı da bizim okulda öğrenciydi. 80 ihtilalinde tutuklandı. Daha sonra kızı da okulu bıraktı, bağlantımız koptu. Çok iyi bir insandı. Bizimle sohbet eder, bizi çok severdi. Eşi açıktı, kızını dindar yetiştirmek istiyordu ama olmadı, yeni gelen Milli Güvenlik hocası yüzbaşıydı. İlk ders hepimiz örtülüydük, iki sınıf bir aradaydık. Kapıdan baktı uygun kıyafet giyin, dedi. Bazıları açtı, biz açmadık. Bizi dışarı çıkardı, numaralarımızı aldı. 10 Kasım töreninde, ateist öğretmenler zevkten dört köşeydi. Gelen müfettişlerle sohbet ederdi. Diğer sınıflara bakın böyle çok güzel oluyorsunuz, derdi."[20]

*

"Her yıl, tam beş yıl boyunca Milli Eğitimin açtığı öğretmenlik sınavlarına girdim. İki defa kazandım da, fakat gideceğim yerde bu problemle tek başıma başedebilir miyim emin olamadığım için gidemedim. Bir defasında kalkıp dindar bilinen bir dersaneye gittim. Müslüman bilinen müesseseler de resmi evrak istiyorlardı. Stajyer olarak kabul ediyorlardı. Ben de 5 yıllık öğretmendim. Düşene bir de biz vuralım. Öyleyse dedim iki kuruşa Kuran kursunda kalırım ama beş kuruşa orayı tercih etmem. On kuruş vermezlerse. Doğrusu başörtüsü probleminin tamamen kalkacağına inanmıyorum. Dönem dönem azalacak, çoğalacak. Bize ayakbağı olmaya devam edecek. Bu toplumda başörtüsü, örtü anlamını yitirdikten sonra belki. Başörtü Anadolu kadınının geleneksel bir parçası haline gelince. Başörtü örten kadınlar örtülü bir iffetsizlik haline gelince yırtmaçlı başörtülüler çoğalınca serbest olabilir, diyorum."[21]

*

"İslam Tarihinde master yaptım. Araştırma görevlisi kontenjanı açıldı. Ben müracaat etmedim. Ablam din sosyolojisinde master yapmıştı. İki arkadaşım başvuru için okula gitti. Bölüm hocası Ünves Günay: Bize, bana kanun camdan at kendini dese, ben atarım, demişti. Bir

20. Fatma Deniz, *a.g.e.*, s. 231.   21. Aysel Taştepe, *a.g.e.*, s. 234.

bakmış onları tanıyınca alaylı bir şekilde gülerek: Bu başınızdakilerle girerseniz, "baştan" kaybedersiniz, demiş. Onlar da girmediler. Bütün örtülü kızların hayalleri suya düştü. Bir tek açık kız vardı, ne dili var ne de başarılı, onu el üstünde tutarlar. O girdi. Bizler de bu sevdadan vazgeçtik. Sosyal Bilimler Enstitüsünde bir kişilik kontenjan vardı, hocası başvurursan seni alırım, dedi. Okul ayrı olduğu için başörtü problem olmaz, dedi. Evlenip İstanbul'a geleceğim için kabul etmedim. Bütün bunlardan sonra da hiçbir idealimiz kalmadı."[22]

*

"Bakırköy İmam Hatip Lisesi 1. sınıfta okurken müdürümüz Mehmet Emin sürülmüştü. Lisede kılık-kıyafet genelgesi geldiğinde başımızı açmıştık. Hiç açmayan arkadaşlar vardı. Kapı açılınca başlarını sıranın altına sokuyorlardı. Erkek fotoğrafçı getirip fotoğraflar çekerek öğretmen defterlerine yapıştırmışlardı. Bu ahlaki bir dejenerasyon halini aldı. İlk bocalamayı böyle yaşadık. Artık makyaj yapanlar vs. hareketler aşırı yönlere vardı. Sonra üniversitede 87 yasağı gelince bir an bile içeri girsek uyarı cezası alıyorduk. Hukuk Fakültesinde okuyanların bazıları bu dersten çok korkuyorlardı, fişlenirsek diye. Her derste gelip numaralarımızı alıyorlardı. Bir defasında asistana sormuştum. Hâlâ numaralarımızı ezberlemediniz mi, diye, o da hayır daha ezberleyemedim, diyerek cevaplamıştı. Çünkü günde üç ders olsa üç kere numara alınıyordu. Bütün bu numara almalar sonunda birkaç defa uyarı alarak 2. dönemi tamamladık. Finallere girdiğimi hatırlıyorum. Ailem beni okula devam edip etmemede serbest bıraktığı için başörtü yasaklarıyla ilgili fazla anım yok. Başörtüsü yasağı döneminde yeni örtünüp, açılmak zorunda olan arkadaşlar vardı. Aileleriyle problemler yaşadılar ve bazıları bir daha örtünemedi. Bana en acı veren olaylardan biri de bu oldu."[23]

*

"Biz dersleri değil bu yılı nasıl atlatacağız, beden eğitimi derslerinde ne yapacağız? İstiklal Marşından nasıl kaçacağız diye düşünüyorduk. İstiklal Marşı esnasında başörtülerimizi indirmek zorundaydık. Oku-

22. Dürdane Camuzanoğlu, *a.g.e.*, s. 237-238.
23. Asuman Şen, *a.g.e.*, s. 238.

lun arkasında mısır tarlaları vardı. Duvardan atlıyorduk. Bir defasında yağmur yağmış görmeden atlıyoruz. Mısırların arasına saklanıyoruz. Bir dönem tuvaletlere saklanırdık, bir de kömürlüğe. Bunlar sonradan keşfedildi. Bayan nöbetçi öğrenciler tarafından. Bir de beden eğitimi dersleri vardı başımızda. Hocamız erkekti. Eşofmanlarla derse girmemek için her yıl rapor almaya çalışırdık. Hatta bunun için çok yüksek meblağlar ödediğimizi hatırlıyorum. Bir diğer kâbusumuz da bayramlardı. Bayram törenlerine başımızı açarak sokarlardı. Özellikle bayramlarda tek tek yoklama alınıyordu. 19 Mayıslar erkek öğrenciler için bile sorun olabiliyordu. Küçücük şortlarla, terbiye sınırlarını aşan kıyafetler yüzünden. Bütün halkın önünden başını açıp geçmeni istemeleri korkunç bir zulüm ve dayatmaydı. Veliler işe karıştığı için ceza almadık, tabii tehditler oluyordu. Yalnız fotoğraf konusunda büyük zorluklar yaşadık. Son yılı Çanakkale İmam Hatip Lisesi'nde okudum. Üniversiteye girişte açık fotoğraf istediler. Uzun zaman direndik, sonunda kabul etmek zorunda kaldık üç kişi. Diğerleri ise makyaj yapıp fotoğraflar çektirdiler. İ.H.L.'den gelince de örtülü fotoğraf veremedik. Hâlâ da kabul etmezler. Mimar Sinan Güzel Sanatlar Fakültesine girmek istedim. Fotoğraf yüzünden müracaat bile edemedim. Şu anda geçiş yapmak istiyorum ama orada devam edebilir miyim bilmiyorum. İlerde sanatçı olmak istiyorum."[24]

*

"85-86 yılında tek dersten borçlu geçmiştim. Hacettepe'den Özgün Güvener (bayan) gelmişti, dekan yardımcısı olarak. İşte o yıl başörtü baskısı başladı. Gelir gelmez başörtünüzü çıkarın, dedi. Biz çıkaramayız, deyince de kılık-kıyafet genelgesi okulun içine asıldı ve bize türban takacaksınız, dedi. Biz bunun dinen mümkün olmadığını, ayette, 'başörtülerini yakalarının üstüne salsınlar' dendiğini ifade edince çok sinirlendi. Beni kızdırmayın size ameliyathanede takılan bonelerden taktırırım, diye tehdit etti. Biz başörtülerimizin ucunu önlüklerin içine sokmaya başladık ve klinikte maske takma zorunluluğu olduğu için onun boyun kısmını uzatarak sanki türbanlıymışız gibi davranmaya başladık. Bunlar belki ufak basit şeyler ama insanı yıpratıyor ve maneviyatını kırıyor. 87 öncesi bütün asistanlarımız başörtülüler iyi-

24. Şenay Küçükçakıroğlu, *a.g.e.*, s. 244.

dir, çalışkandır diye överlerdi. Başörtü yasağından sonra bayram töreninden sonra arkamızdan Dekan; bunlar kızıl Rus köpeklerinden daha kötü vatan hainidirler, devlet düşmanıdırlar diye konuşmuş. Yasaktan sonra okula döndüğümüzde bütün arkadaşlar ve asistanlarla diyaloğumuz kopmuştu. Arkadaşlarımız bize artık terörist gözüyle bakmaya başladı. Daha önce bütün derslerini Haziran'da veren ben, 4. ve 5. sınıfları çift dikiş gittim. Benim ailemde ablalarım açıktır ve hepimizin çevresinde mutlaka gerek· akraba, gerek tanış açık insanlar vardır. Okuldaki önyargılı tutum sayesinde bütün açıklara karşı bir çekingenlik oluştu bende. Yani biriyle tanışırken tedirgin oluyorum hâlâ. Bize ayrımcı tutumları sayesinde değişik fobiler edinmiş olduk. Sosyal fobiler diyebileceğimiz, çünkü aleyhimizde kötü bir imaj oluşturmayı başarmışlardı. Sırf bu yaşadığım şeyler dolayısıyla okul yıllarını hatırlamak dahi istemiyorum. Çünkü korkunç bir yabancılaşma süreci yaşadık. İnsanların okul yıllarıyla ilgili güzel hatıraları olur, o yıllara dönmek ister, ama ben okuldan bir arkadaşımla bile karşılaşmak istemiyorum."[25]

*

"O kadar memnun olmuştum ki, anlatamam! Çünkü daha önce bize sebebini sormadan öyle hakaret edilmiş, öyle aşağılayıcı davranılmıştı ki, ilk defa biri, bizi adam yerine koyup bu soruyu soruyordu.

Devamla:

'Başınızı niye kapattınız? Yoksa nişanlınız var da o mu istiyor? Anneniz babanız mı baskı yapıyor? Kimden etkilendiniz bu kadar?'

'Hocam, başımızdakiler türban, başörtüsü değil hem Yüksek Öğrenim Kurumu'nun da derslere türbanla girilebileceğine dair kararı var.'

'Hayır, ben öyle bir karar görmedim, bilmiyorum, gidin başınızdakinin türban olduğuna dair dekandan yazı getirin, derse öyle alayım.'

Günler geçti. Devamsızlık haklarımız doldu. O zor kararın alınması zamanı geldi çattı. Ertesi gün çaresiz hepimiz ağlaya ağlaya (kimimiz dışından kimimiz içinden) okula girdik. O gün aldığım karar için bu gün hâlâ kendi kendimi sorguluyor derin bir üzüntü duyuyorum. Sizlerin de dualarıyla Yüce Rabbim (c.c) inşaallah bizi affeder.

25. Gönül Yerlikaya, *a.g.e.*, s. 245.

BİR ÖZGÜRLEŞME İMKÂNI OLARAK TÜRBAN

Okula geri döndük. İstediklerini yaptık. Ama hâlâ hoşnut değillerdi. Her fırsatta yine bize hakaret ediyor, tahrik ediyor hiçbir şey yapamasa bizi dışlayarak psikolojik baskı altında tutarak, derslerimizden başarısız kılmaya çalışıyorlardı.

Her şeye rağmen başarılı olmamız ve sınıfları takıntısız geçmemiz onları çıldırtıyordu. Ne yapsalar olmuyordu. Hele bazı zor derslerde, açık arkadaşların bilemediklerini bize sormaları onları tahammül edilemez hale getiriyordu."[26]

*

"O gün kuralı tam uygulama iddiasında idiler, bu yüzden kravat kontrolü de yapılıyordu. Ama onun kolayı vardı, içeri kravatlı giren öğrenciler, kravatlarını pencereden arkadaşlarına uzatıyorlar, onlar da böyle içeri giriyorlardı. Bunu görmüyor muydu idare, tabii ki evet, asıl amacın ne olduğunu zaten onlar da biz de biliyorduk."[27]

*

"Yasak ilk çıktığında 2. sınıftaydık. Eczacılık Fakültesinde. Babası imam olan arkadaşların çoğu başını açtı. Onlar başlarını açarak fedakârlık ettiklerini, ... hizmet etmek için açtıklarını söylüyorlardı. Acaba hata mı ediyorum, ailem beni buraya göndermiş, her türlü masrafı yapmış. Artık öğretim hayatımın bittiğini düşünüyordum. Eğer Allah bana bunu nasip edecekse on yıl sonra da olsa bitireceğim. Bir sürü eylem vs. yapıyorduk, ama bundan herhangi bir beklentim yoktu. Bizi imtihanlara almıyorlardı. Bazı arkadaşlarımız açarak nifak yaratmasa ve bizi zayıflatmasa daha farklı olurdu. Çünkü onlar imajımızı zedeliyordu. Meydanda beklerken bizi gören hocalar soruyordu: Diğer arkadaşlar açtı, siz ne zaman açacaksınız. Bazı örnekler olduğu için önlerinde, başörtüden vazgeçilebileceğini zannediyorlardı.

Fakat daha sonra tekrar örtülü bir şekilde dönünce asistanlar ve hocaların bize karşı tutumu diğerlerinden çok daha saygılı ve seviyeli oldu. Ben kendi hesaplaşmalarım sonunda Allah rızası için diplomadan vazgeçebildiğim an bu konuda yumaşama ve delinmeler yaşamaya başladığımızı fark ettim. Bu olay bizi Allah'a yaklaştıran önemli

---

26. Zübeyde Tezcan, *a.g.e.*, s. 260.   27. Ayşe Sula, *a.g.e.*, s. 269.

bir imtihandı ve biz ya başını açacaksın, ya da çekip gideceksin diye dayatılan iki şıktan okuldan geçme pahasına başörtümüze sahip çıkmayı irademizle, bilinçle seçince, hiç ummadığımız şekilde bize yardım etti."[28]

*

"Ortaokul yıllarından beri ince çoraptan, 19 Mayıslardaki çıplak bacaklardan nefret ederim. Merdiven çıkarken, otobüse binerken bacaklarımın görünmesinden huylanırım. Kendimi mal gibi hissederim ve pantolon en iyi dostlarımdan biridir. O yıl sınıfımızda 6 kız birden örtünmüştü ve bu idare için müthiş bir panikti. Yıllardır zorla yaymaya uğraştıkları ideoloji tehlikeye mi giriyordu!

İstanbul'a gelince müslümanların tek tip cemaat değil, fraksiyonlardan oluştuğunu görmüştük. Okuduğumuz kitaplardan dolayı takibata uğramayacağımız evlerde oturmanın gayreti içindeydik. İktidar kendini üreterek kendini sağlamlaştırır. 80'li yıllarda da öğrenci evlerinde Ali Şeriati, Seyyid Kutup gibi yazarları okumak adam öldürmek gibi ağır bir cürümdü. Hiyerarşik yapılanma evlerde de öğrenciler arasına giriyordu. Bu ablalık-kardeşlik müessesesi de bize tersti, eşit ilişkiler geliştirmek istiyorduk. İnsanlararası farklı yapılanmalar oluşturmak gerekiyordu. Bu kadın-erkek ilişkilerinde de aynıydı.

87 yılının medyatik dili bizi aile baskısıyla örtünen, kendi kararlarını vermekten aciz, yönlendirilmeye açık, örümcek kafalı, örtünmekle bilimi, çağdaşlığı elinin tersiyle iten insanlar olarak tasvir eden ve toplumdan bilinçli bir şekilde koparıp yalnızlaştırmak, yabancılaştırmak isteyen bir söylem geliştirdi. Ve bunu kuvvetle vurgulamaya uzun yıllar devam etti. Toplumla aramıza duvarlar örmek, bizi dışlamak isteyen bir zihniyetle karşı karşıya kalmıştık."[29]

*

"Birinci sınıfta kalmadı bu zulüm ve ondan sonra 2. sınıfta da yaşadık aynı zulmü. Mikrobiyoloji dersinde, en önde oturan arkadaşımıza, "Göz zevkimi bozuyorsun," demişti ve "Sen sınıftan çıkmadıkça ders anlatmayacağım," diyerek on beş dakika geçmişti ve daha sonra pek çok derste uğradık aynı zulme. İnkılap dersinde, laik-antilaik tartış-

---

28. Hediye Aktaş, *a.g.e.*, s. 271.   29. Ayşe Doğu, *a.g.e.*, s. 274.

ması için seçildik üçümüz. Karşımızdakiler de, ateist ve laik düşünceli sınıf arkadaşlarımızdı. Arkadaş demeye bile tiksiniyorum bu insanlara... Peygamberimize kadar dil uzatmıştı bu insanlar ve biz bu kişilere karşı mücadele ettik, tüm yorgunluğumuzla ve ezilmişliğimize rağmen. Bu olaylar esnasında kimse yoktu yanımızda Allah'tan başka... Hatta telefonla bile aramıyordu hiç kimse.

Gittiğimiz meclislerde, o dönem başta RP olduğundan, sürekli RP'yi rahatsız ediyorduk. RP de, "Kanun çıkacak, üzülmeyin, sabredin," diyordu. Basını bile uyandıramadık bir türlü. Radyolarda konuştuk her gece zulüm var diye. Uyandıramadık Müslümanları. Kalplerindeki taşları kıramadık tüm uğraşlarımıza rağmen. Taşlaşmış yüreklere seslenemedik. 70 yıllık zulümden, bizler de nasiplendik. Müslümanların duyarsızlığından, miskinliğinden, bizler de yara aldık tüm arkadaşlarımız gibi."[30]

*

"Birinci sınıftayken karşılaştığım problemlerde bana yardımcı olmak için oldukça fazla gayret sarfeden ve bu amaçla birçok kişiyle görüşmemi sağlayan Ukbe isimli birisi vardı; Ukbe onun gerçek değil cemaat içindeki müstear adıydı. Risale-i Nur hareketinin bir versiyonunun ODTÜ'deki ileri gelenlerinden biri konumunda olan bu öğrencinin daha sonra ajan olduğu gerekçesiyle cemaatten atıldığını duymuştum. Gerçekten de aynı kişinin daha sonra çevre değiştirerek ODTÜ'de yapılan güzellik yarışmalarında jüri üyeliği yaptığını, dans partileri organize ettiğini büyük bir üzüntü ve hayretle öğrenecektim."[31]

*

"Ne gayretlerle gelmiştim bu okula... Ama beni muhatap alan bir cümle hayatımın yönünü değiştirdi neredeyse..

Ya başını açarsın ya da...

On beş yıllık eğitim hayatım, umutlarım, amaçlarım, yapmak istediklerim, yaşadıklarım ve en önemlisi ailemin emeği... Hiçbirinin önemi yok sadece bir tek cümleyi tekrar edenlerin gözünde.

Ya başını açarsın, ya da...

---

30. Emine Ayşe Aydın - Nurgül Başköylü, *a.g.e.*, s. 284.
31. Zekiye Oğuzhan, *Bir Başörtüsü Günlüğü*, İz Yayıncılık, 1998, s. 184.

Onlar için sadece bir bez parçası başımdaki. Oysa benim için öyle mi? Benden aldıkları tek cevap 'Açmayacağım, direneceğim, Allah hakkımda hayırlısı neyse onu nasip eder' olacak."[32]

*

"Bugünü hiç unutmayacağım. Dermatoloji dersine girdim. Sınıftaki tek başörtülü benim. Yarı sarhoş hocamız derse girdi ve henüz selam bile vermeden beni dersten çıkartmak istedi. Bana demokrasiden, Avrupa insan haklarından, kanunlardan bahsedip 'Çık!' dedi. Ben de ona inançlardan, laiklikten, Atatürk'ten bahsettim. Yazık ki hiçbirinden haberi yoktu. Bilimden ve teknolojiden haberi olmadığı gibi..."[33]

*

"Her taraftan çok yönlü bir baskı altında idik. Birinci sınıftan bir arkadaşımızın babası ta Gaziantep'ten kalkıp gelmiş, kızını başını açarak sınava girmeye zorluyordu. Ona 'Ya başını açıp sınava girersin, ya da eve döneriz ve evde oturursun,' diyordu. Biz de kızgınlığından nasibimizi aldık. Kızına başörtüsünü açmaması konusunda baskı yapmamamızı söyledi. Gerçekten acı dakikalardı. Hepimiz ağlıyor, yapacak bir şey bulamıyorduk. Sonunda babası arkadaşımızı zorla sınava sokmayı başardı."[34]

*

"Sadece derse ve sınava almamakla kalsalar. Bazı hocaların hakaret ve alayları yaşadıklarımızın tuzu biberi. Ocak ayındaki ortopedi stajında hocanın yanına girip ön sıralarda oturan başörtülü arkadaşlara bakarak 'Bu sınıf çok kutsal bir sınıf' diyerek başlayan alayları hâlâ aklımda. Sonra bizi tek tek sayarak 'Ne kadar da çok imamımız var! Burası yakında el-Ezher Tıp Fakültesi olacak' dedi. Zaten gergin olan havayı daha da germemek için hiçbirimiz cevap vermedik. Hatta bazıları stresten bu sözlere gülüyordu. Sonra hoca derse başladı. Bir ara

---

32. R. G., Çapa Tıp Fakültesi, 4. Sınıf; Nazife Şişman, *Başörtüsü Mağdurlarından Anlatılmamış Öyküler*, İz Yayıncılık, 1998, s.19.
33. S. Ç., Çapa Tıp Fakültesi, 5. Sınıf; *a.g.e.*, s. 39-40.
34. Ş. U., Çapa Tıp Fakültesi, 4. Sınıf; *a.g.e.*, s. 44-45.

asistana tahtayı silmek için alkollü bez getirmesini söyledi. Asistan geldiğinde: 'Burası Müslüman sınıf, alkol getirilir mi hiç?' diye alaycı tavrını sürdürdü. Her ne kadar tedirgin bir ortamda da olsa bu stajı bitirdik. Fakat bu başörtülü olarak devam edebildiğim son staj oldu. Şimdi ise koridorlarda staj yapıyorum."[35]

*

"Eylemlerde avazım çıktığı kadar bağırmayı kendime yakıştıramazdım. Hatta sokaklara dökülüp yürümeyi de pek akıllıca bulmazdım. Oysa şimdi girebilecek ne sınıfım vardı, ne de çalışacak dersim...
Boşluktaydım, bomboş hissediyordum kendimi. İçime büzülüp küçüldüğümü hissettim. Öyle küçüldüm öyle küçüldüm ki, bir rüzgâra kapıldım ve birdenbire kendimi Beyazıt'ta arkadaşlarımın yanında buldum. İşte o zaman küçük Ayşe büyümeye başladı, kocaman oldu. Gözünden akan yaşlar keder değildi artık, umut ışıkları saçan damlalardı. Hem slogan atıyordum, hem de kovulduğum okula doğru yürüyordum. Arada sırada etrafımızda bizi izleyen halktan kimselere 'Bizi sokaklara itenler utansın!' diyordum. Evet gerçekten de, bizi sokaklara itenler utansın!"[36]

*

"Sınav yaklaştı. Staj boyunca benim derslerde gördüğüm muamele karşısında sessiz kalan sınıf arkadaşlarım, birdenbire konuşmaya başladılar. Ders notlarımı istiyorlardı. Şu Allah'ın işine bakın! Benim kapının dışında bırakılacağım bir sınavda, sınıfın %60-70'i benim notlarımdan çalışarak sınav geçecekti. Birkaç başörtülü arkadaşım kızgınlıkları nedeniyle notlarımı vermememi istiyorlardı. Fakat ben adaletin kusursuz dağıtılacağı gün geldiğinde, daha fazla delilim olmalı, diye düşünüyordum. Ders notlarımı verecektim, karşılığını sonra almak üzere. Her gün derse giderken yolu biraz daha uzatıyordum ki, onların gözünü bile kıpırdatmadan hiçe saydıkları stajım nedeniyle verecekleri hesap, adımlarım sayısınca fazlalaşsın ve zorlaşsın...
Cerrahi stajının sınavı yapıldı. Sınav kapısında iki asistan sınava girmeme engel oldu. Beni kapıdan bir metre ileriye itekleyip kapıyı

---

35. A. K., Cerrahpaşa Tıp Fakültesi, 4. Sınıf; *a.g.e.*, s. 50-51.
36. A. Y., Cerrahpaşa Tıp Fakültesi, 3. Sınıf; *a.g.e.*, s. 67-68.

suratıma kapattılar. Ve kapı kilitlendi. Bu kapıyı kilitleyen anahtarın, Allah katında bana rahmet kapısını açmasını diliyor ve ümit ediyorum."[37]

*

"İstanbul'un ilçelerini neredeyse kişi başına iki polis düşecek şekilde yürüdük. Arkadaşımın kulağına eğilip 'Hatırlıyor musun Sümeyya? Okuldayken mahkûm hastalar ellerinde kelepçe, dört bir yanlarında askerlerle gelirlerdi hastanemize. Bizim onlardan farkımız kelepçeli değiliz,' diyorum.

Yolculuk boyunca zaman geçtikçe polislerle birbirimize ısınmaya başladık. Hepimizin beyaz spor ayakkabı giydiğimize bakıp 'Yahu bu haksızlık! Biz de yürüyoruz. Bize niye böyle ayakkabı almıyorlar? Ayaklarımız şişti abi ya!' diyorlar. Ardından hafif gülüşmeler... Bazıları yaklaşıp 'Bacım davanızda Allah yardımcınız olsun,' diyor.

Tuzla'dan Gebze'ye geldik. Yine coşkulu bir halk bizi karşıladı. 'Size sarılabilir miyiz?' diye soruyorlar. Bu defa ben utanıyorum. Yola çıkarken 'Anadolu bizi nasıl karşılayacak?' diye hiç düşünmemiştim. Onların gözünde biz birer kahramandık. Bunu şimdi anlıyordum ve asıl ben onlarla gurur duyuyordum."[38]

•

---

37 N. Y., Cerrahpaşa Tıp Fakültesi, 4. Sınıf; *a.g.e.*, s. 94-95.
38 M. A., Cerrahpaşa Tıp Fakültesi, 6. Sınıf; *a.g.e.*, s. 120-21.

TÜRBANIN DÖNÜŞÜMÜ

ERKEK İSLAMCILAR, kız öğrencilerle "dayanışma içinde" olduklarını söylüyorlardı, fakat büyük bir hızla türban hareketini denetimleri altına alıp, olayı esas olarak siyasi bir faaliyete, basit ve düz bir siyasi pazarlık aracına dönüştürdüler. Bu amaçla hareketin içindeki kadınlık durumuyla ilgili tüm öğeleri titiz bir şekilde ayıkladılar.

Türbanın, anlık hesaplarla birçok grup ve yapılanma tarafından aşırı siyasallaştırılması kızları hazırlıklı olmadıkları, muhtemelen pek de istemedikleri bir çatışmanın "nesnesi" yaptı. Kız öğrencilerin olayın öznelliğinden nesnesine dönüştükleri andan itibaren bir "kadın davası" olarak türban mücadelesi kaybedilmişti.[1]

Gerek toplum genelinde, gerekse İslami kesim özelindeki erkek egemenliğine karşı çıkacak gücü kendilerinde bulamayan kız öğrencilerin büyük kısmı kaderlerine boyun eğerek, bir direnişin öznesi olma fırsatının ellerinden alınmasına ses çıkarmadılar. Bu noktada İslamcı olmayan hemcinslerinden bir-iki küçük istisna sayılmazsa, hiçbir destek görmediler. Aksine kadın sorunlarına sahip çıkma, hatta feminist olma iddiasındaki birçok kadın, onların, kısa bir süre sonra yeniden İslamcı erkeklerin boyunduruğuna girmesini normal buldu, hatta kimi durumda sevinçle karşıladı.

---

1. Fakat yenilginin kesin ilanı için 28 Şubat sürecini beklemek gerekecekti. Ve bu sefer yalnız kadınlar değil tüm İslami hareket –türban olayını kendi çıkarları için kaşıyanlar da, türbanlılara karşı alenen sistemle işbirliği yapanlar da– toptan kaybetti. Fakat erkeklerin çoğu, faturanın esas olarak yine kadınlara çıkarılmasına sessiz kaldılar.

Aile Zoruyla Örtünme

1980 sonlarına doğru üniversitelere türbanla girmenin büyük ölçüde yasallaşması –en azından meşrulaşması– bu hareketin içerisindeki son feminizan ve direnişçi öğeleri de yok etti. Buna paralel olarak türban bir direniş aracı olmaktan çıkarak değişik iktidarlara itaatin önemli bir aracı haline gelmeye başladı. Örneğin önceleri ailelere rağmen, hatta onlarla kavga edilerek örtülen türban artık bazı durumlarda ailelerin telkini, hatta çoğu durumda zoruyla takılır oldu. Yalnızca İslamcı olanlar değil, biraz muhafazakâr yönleri olan baba, koca ve ağabeyler de –örneğin ülkücüler– genç kızları "türban"a yönlendirdi. Böylelikle türban, özellikle büyük kentlerin varoşlarındaki Sünni muhafazakâr ailelerin kızlarının üniforması haline geldi.[2]

Ancak aile teşviki ya da zoruyla örtünen kızların ciddi bir bölümü, üniversite öğrencileri gibi belli bir eğitim ve kültür seviyesine sahip olmadıkları, daha önemlisi "başlarını örtme tercihlerinde ontolojik duruşun izleri olmadığı"[3] için kamusal alanda, İslami kesimde hayli tedirginlik yaratan ve türban etrafındaki mitleri büyük ölçüde kıran "istenmeyen manzaralar" sergilediler, hâlâ da sergiliyorlar. Bütün bunlara, büyük medyanın şevkle meşhur ettiği, örtülü olup da İslamcı olmayan, hatta İslamcılara karşı mücadele yürüten kadınlar da eklenince İslami camia çok öfkelendi ve çaresiz kaldı.[4]

Örtünün popülerleşmesini açıklamada "baskı" yerine "ailevi tercih" kavramını tercih eden Fatma Karabıyık Barbarosoğlu, "Ailevi tercih nedeniyle başını örten kızlar, başörtüsü takmanın manasını kav-

---

2. Geçmişte aynı aileler genç kızlarına uygun bir kıyafet bulmakta epey zorlanıyorlardı. Türban öncesinde yegâne alternatif çarşaftı ki bunun doğurduğu "modernlik dışı" görünüm ve toplumdan "gönüllü tecrit" hali, bazı tarikatlar dışında pek tercih edilmiyordu. Türbanın hem modernliği, hem muhafazakârlığı içermesi bu bakımdan imdada yetişti.
3. Nazife Şişman, *Kamusal Alanda Başörtülüler, F. K. Barbarosoğlu ile Söyleşi*, İz Yayıncılık, İstanbul, 2000, s. 87.
4. "Bugün 80'li yıllara göre başörtülü kızların sayısı arttı. Ancak başörtüsünün kimlik olarak algılanışı o yıllara göre zayıfladı. O yıllarda örtünenler niçin örtündüklerini ve örtülerinin nelere mal olduğunu biliyorlar, zulüm karşısında mücadele ediyorlardı. Bugün ise bir başörtülünün kapitalist, Kemalist, laik olması yadırganacak bir durum olarak görülmeyebiliyor. Örneğin Anıtkabir'e çelenk koymaya giden, yakalarında Atatürk rozetli başörtülüler gazetelerde boy gösteriyor." Hülya Koç, *Şahitlik*, s. 181.

rayamadıkları için başörtülü, fakat tesettüre uygun olmayan kıyafetler giyiyorlar. Esasında bu da, başörtüsünün, bunu taşıyamayan bedenler üzerinde dini muhtevasından boşalmış bir görüntü sergilemesine neden oluyor. Ve böylelikle tesettür ve moda kelimeleri yan yana geldiğinde, bunu hiç kimsenin yadırgamadığı bir durum ortaya çıkıyor,"[5] diyor.

"İslami" Kanalların Değiştirdiği

Türbanın popülerleşmesi ve buna bağlı olarak "arabeskleşmesi", genel olarak tüm Türkiye'nin küresel bir tüketim toplumu haline gelmesine paralel olarak yaşandı. Bir diğer deyişle İslami hareket alternatif bir toplum modeli çizemediği gibi, özellikle dindar gençlerin popüler kültüre eklemlenmesine engel olmadı / olamadı.

Bu noktada hiç kuşkusuz medya ve özellikle de "İslami kanallar" belirleyici bir rol oynadı. Bunların, dindar kadınların gündelik yaşamını nasıl değiştirdiğini, Barbarosoğlu şöyle anlatıyor: "Bir sürü insan evine televizyon almıyordu. İslami kanallar çıkınca bazıları bu tedbirden vazgeçerek evine televizyon aldı. Malum medyadaki her türlü davranış eleştirilirken, 'bizim kanallar' her türlü günahtan azade kılınarak ekrana yansıyan her şeyin benimsendiği bir durum oluştu. Dindar kadınlar arasında yaygınlaşan tüketim kültürü ve tesettür modası da, yaygınlık kazanmasını 'bizim kanallara' borçludur."[6]

Fadıl Akgündüz, bir zamanlar sahip olduğu Caprice Otel'de Ahmet Kaya'ya konser verdirmiş, haremlik-selamlık ayrımı olmayan salonda dindar aileler, kadın-erkek, yaşlı-çocuk hep birlikte el çırpıp sallanarak "devrimci" şarkılara tempo tutmuş, doyasıya eğlenmişlerdi. Uzun bir süre "bunlar eğlence nedir bilmez" diye yaftalanan türbanlıların, ne zamandır, pop starların –erkek/kadın, heteroseksüel/eşcinsel fark etmez– konserlerinde düşman çatlatırcasına dağıtmaya başladıkları biliniyordu.

Hem siyasi hem ticari nedenlerle kendilerine yeni bir imaj çizmek isteyen TGRT, STV ve Kanal 7 gibi kanallar da bu dalgaya gönüllü olarak kendilerini kaptırdılar. Bu kanallar, artık "bacı" gibi değil, "izleyici/tüketici" gibi gördükleri bu kızları, cehennem ateşinden kurtar-

---

5. Nazife Şişman, *Kamusal Alanda Başörtülüler, F. K. Barbarosoğlu ile Söyleşi*, İz Yayıncılık, İstanbul, 2000, s. 88.
6. *A.g.e.*, s. 52.

mak için "İslami terbiye"ye değil, şirketlerini iflastan kurtarmak için kendilerine çağırdılar. Yani "niye küfür kanallarına gidiyorsunuz, din kardeşlerinize gelin, daha iyi, doya doya eğlenin!" dediler.

İslami kanalların, ekranı saat 17'den sonra tesettürlü kadınlara kapayarak, bir başka tür haremlik-selamlık uygulamasına gittiğini öne süren Barbarosoğlu, buralardaki tesettürlü sunucuların kadın izleyiciyi nasıl etkilediği sorusunu kesin bir dille yanıtlıyor: "En önemli etkisi tesettürlü kadınların sokak makyajını ve frapan giyimi içselleştirmeleri yolunda oldu."[7]

Sınıf Atlama Eğilimi

Bugün İslamcılık iddiasını sürdürmeye niyetli hemen hemen tüm kadın yazarlar, arabeskleşmenin dışında, belki de ondan daha fazla "sınıf atlama", diğer bir deyişle "burjuvalaşma" eğilimini sorguluyorlar.[8] Cihan Aktaş, bu eğilimin miladı olarak 1990'lı yılları gösteriyor:

"90'lı yıllar müslümanların iktidara koştuğu, iş piyasalarında etkin olduğu, görünürlüğün ve görünümün önem kazandığı yıllardı. Dünün püriten cemaatleri bu yıllarda ya bir medya holdingi, ya da bir nakliyat şirketi veya bir eğitim sektörü haline gelerek, artık ideallerin değil, kurumsal başarıların, profesyonel yönetici ve uzmanların bir boy gösterme alanına dönüştü. Reklam ve defile eleştirileri gibi, ilkelerle yaşantılar arasında açılan uçuruma yönelik sorgulamalar çoktan sıradanlaştı. Sekreterlik kurumunu eleştiren radikaller başörtülü sekreterlere –kısmen– uyum sağladılar.[9] Her şeyin bir arzu nesnesi haline geldiği bir akışta, uğruna hayatların değiştiği, sahiden de bir kitap okuyarak yeni bir hayata başlamaya vesile olan değerleri kimilerinin bir papazın

---

7. A.g.e., s. 78.
8. Okuyucu, kitap için yaptığım beş ayrı röportajda da "sınıf meselesi"nin geniş yer tuttuğunu fark edecektir. Bunun için bir çaba sarfetmediğimi, konuştuğum beş kişinin de bu konuda hayli duyarlı olduğunu belirtmek isterim.
9. Benzer bir örneği F. K. Barbarosoğlu veriyor: "Belediyelerde başörtülülere iş imkânı oluşturulurken üst seviyeden bir iş imkânı oluşturulmadı. İstanbul Belediyesi'nin kadın meclisi oluşturulurken bile müslüman camiada entelektüel kadın arayışı içine hiç girilmedi. Ya ne yapıldı? En gözle görünür vitrinlik noktalara başörtülüler yerleştirildi. Belediyelerde bile kapalı elemanların istihdam edilmesi, gazetelerde ilan ile güzel giyinen müteddeyyin tezgâhtar ve sekreter aranmaya başlanması gibi birtakım yozlaşmış değişimlerin ortaya çıkmasına sebep oldu." Nazife Şişman, *Kamusal Alanda Başörtülüler, F. K. Barbarosoğlu ile Söyleşi*, İz Yayıncılık, İstanbul, 2000, s. 83.

ikonalara duyduğu saygıya benzer bir ruh haliyle, kimilerinin de açıkgöz tüccar zihniyetiyle pazarladıklarına tanık olunuyordu. Değerler ticari kışkırtıcılığa birer vesile olmak üzere ileri sürülüyordu. Başörtülüler markalarına göre ayrışmakta gibiydi. Kendini sisteme karşı kanıtlamış dindarların 'habitus'unda bacı, daha zor hizmetleri üstlenen ve bu hizmetleri, maddi bir karşılığı olmadığı için kimi durumlarda daha da değersizleşen aşağıdakinin sıfatı olarak algılanıyordu."[10]

Az sayıdaki anlatı ve tanıklık gösteriyor ki, burjuvalaşma trendine kendilerini fazlasıyla kaptırmış olan İslamcı erkeklerin büyük çoğunluğu, başörtülülere ikinci sınıf insan muamelesi yaptılar; örtüsüz kadınlara daha fazla ilgi gösterip bunlara daha fazla imkân sundular, çünkü bir zamanlar örtülülere münasip görüp ana hatlarını çizmiş oldukları "bacı" imajı, bugün kendilerine çizmek istedikleri yeni imajı tehdit ediyordu.

10. Cihan Aktaş, "Bacıdan Bayana", *Birikim*, sayı 137, Eylül 2000, s. 43.

BİR DİRENİŞ İMKÂNI OLARAK TÜRBAN

TÜRBAN EYLEMİNİ başlangıçta bir "direniş" olarak tanımlamak zor olacaktır. İslamcılar, kafası karışık hükümetler ve YÖK'ün uygulamada serbest bıraktığı rektör, dekan ve öğretim üyeleriyle uzun bir süre köşe kapmaca oynadılar. Fakat 1990'ların ortasından itibaren işin rengi değişti. 28 Şubat süreciyle birlikteyse ülkedeki laik-İslamcı çatışmasının tarafları hesaplaşmalarını daha çok türban ve türbanlılar üzerinden yaptılar.

"İrtica"nın "bölücülük"ten önce birinci tehdit olarak algılanmasıyla birlikte üniversitelerde örtülü kızlara hiçbir şekilde müsamaha gösterilmemeye başlandı. Başlangıçta İslami kesim belli bir direnç gösterdi. İlk günlerde sekiz yıllık zorunlu eğitime karşı protestolarla türban eylemleri içiçe geçmişti. Türkiye tarihinde belki de ilk kez İslamcılar, devletin kuyruğunda değil de ona karşı dev kitle gösterileri düzenlediler. İstanbul ve Ankara'daki mitinglere ek olarak 11 Ekim 1998'de Türkiye çapında "türban zinciri" oluşturuldu.

Ancak devletin geri adım atmayacağı ve İslami hareketin mücadele deneyim ve azminden yoksun olduğu kısa sürede anlaşıldı. Ardından birtakım büyük cemaatlerin havlu attığı görüldü. 8 yıllık eğitime karşı "özel ilköğretim okulları" kurmaya yönelen cemaatlerin kimisi üniversitelerdeki kendilerine bağlı kızların başını açtırırken, kimisi de onlara okullarını bıraktırdı.

İslamcılığın bir zamanların en gözde ve en risksiz siyasi akımı olmasından da istifade ederek palazlanmış, cemaat dışı "profesyonel İslamcılar" da –ki ezici bir çoğunluğu erkektir– 28 Şubat süreciyle birlikte, sistemle gerçek anlamda hesaplaşma fırsatını yakalamış olmalarına rağmen boyun eğdiler.

Bunlar mevkilerini, maaşlarını, köşelerini kaybetmemek uğruna her türlü yaptırımı itirazsız kabul ettiler; sürekli frene bastılar. Ama iş başörtüsüne gelince "diren bacım" diye öğrencileri gaza getirmeyi de ihmal etmediler. Örneğin 28 Şubat sürecinin en çarpıcı sivil eylemi türbanlıların Haziran 1998'de yapılan Ankara yürüyüşüydü.

Türbana Sol Destek

Yenilgi kapıyı çalınca türban eylemi bir "direnişe" dönüşür gibi oldu. Eskinin "Başörtüsü onurumuzdur" gibi nispeten uysal sloganlarının yerini "Uyan, diren, özgürleş", "Susmadık, yılmadık", "Zulme karşı direneceğiz", "Direniş, direniş, zafere kadar direniş", "Başörtüsüne uzanan eller kırılsın", "Yaşasın başörtüsü direnişimiz" gibi sloganlar aldı. Yeni sloganların çoğunun solcu/devrimcilerden biraz değiştirilerek devşirilmiş olduğu dikkat çekiyordu. Özellikle yıllardır solcu gençlerin bağırdığı ve kendilerinin kulak tıkadığı "YÖK'e hayır", "Üniversitede polis istemiyoruz", "YÖK kalkacak, polis gidecek, üniversiteler bizimle özgürleşecek" gibi sloganları sahiplenmeleri de süreç içinde çok şeylerin değiştiğini gösteriyordu.

1998 başında, bir grup solcu öğrencinin, belki de ilk kez türban direnişçilerine açık destek vermesi de İslamcılardaki bu değişimle ilişkilendirilebilir. *Haksöz* dergisi, Mart 1998 sayısındaki bir yazısında, "Düzenin azgınlaşan saldırısına karşı ilgisiz, tarafsız bir tutum yerine devrimci dayanışma tavrı içine girmeyi tercih eden sol güçler bu şekilde egemenlerin birtakım muhtemel hesaplarının boşa çıkmasını sağlamıştır. Böylece düzenin üniversitelerde ileriye dönük olarak kotarmayı planlayabileceği, düzen karşıtı öğrencileri birbirine çatıştırma senaryoları ciddi bir yara almıştır,"[1] diyerek bu dayanışma eylemini överken, aynı sayıdaki diğer bir yazıda "Solcu ve müslüman öğrencilerden gelen tepki ideolojik bir birliktelik-dostluk olarak anlaşılmamalıdır. Baskılara ve tek tip insan yetiştirme politikalarına karşı oluşmuş doğal bir ittifaktır,"[2] diyerek temkinliliği elden bırakmayacaktı.

Dökülenler ve kalanlar

Solcuların dayanışmasına paralel olarak İslamcıların büyük bir bölümünün türbanlı kızlara desteklerini kestiği de biliniyor. Örneğin Ayşe Gül Çetin, daha Kasım 1997'de, "İslamilik iddiasına rağmen literatür-

---

1. "Mücadele Özgürleştirir", *Haksöz*, Mart 1998, aktaran *Şahitlik*, s. 204.
2. "Hayali Teorilerin ve Kendiliğindenciliğin Değil İlkesel Tanıklığın Kazanımı", *Haksöz*, Mart 1998, aktaran *Şahitlik*, s. 207.

lerinde ve yüreklerinde mücadele kavramına yer vermeyen ya da bu kavrama sığ, silik ve müphem bir tarzda yaklaşan insanların çokluğu bir vakıadır,"³ diye yazıyor.

Yine aynı tarihli bir başka yazısında "Başörtüsünden vazgeçişlerin sayısı hızla artmaktadır," diyen Çetin şöyle devam ediyor: "Her geçen gün azalan sayıya, polis coplarına, baskılara, tehditlere, okuldan atılmalara rağmen direnenler ise çağları aydınlatacak bir çığlığın sahipleridir... Başörtüsünü Hz. Muhammed'den bu yana devralınan bir bayrak gibi taşıyanlar ve direnenler, İslami mücadelede kadının olması gereken yerini örneklemektedir."⁴

Selam dergisinde ÖZGÜR-DER'in kuruluşuyla ilgili bir yazıya şu satırlarla başlanması da ilginçtir: "Başörtüsüne uzanan ellere karşı bir avuç inançlı ve bilinçli genç insanın istikrarlı direnişi dışında İslamiliği sürekli olarak ön plana çıkartılarak üzerine hayali hesaplar yapılan Anadolu insanından birkaç şehir dışında yeterli bir tepki gelmedi."⁵

Son Eylemler

Radikal İslamcılığın önde gelen kalelerinden biri olarak görünen Malatya'da son kitlesel türban direnişlerinden birinin yaşanması *Selam*'daki tespitleri tekzip eden yegâne gelişme oldu. İnönü Üniversitesi'ne de sıçrayan türban sorununa, başta "Malatyalılar" diye bilinen grup başta olmak üzere bu ilin meşhur "radikal İslamcıları" el attı. Devletin bir "kalkışma" olarak göstermek istediği Malatya olaylarında radikal İslamcıların gerçek niyetinin ne olduğu tam olarak öğrenilemedi. Siyasal iktidarı ele geçirip bir İslam devleti kurma perspektifine sahip olmakla birlikte devlete yönelik ciddi bir eyleme pek girişmemiş olan bu gruplar, gelişen olayların kendilerince bir değerlendirmesini yapıp yirmi yıl sonra beklenen ânın geldiği kararına mı varmışlardı? Yoksa Malatya'nın "İslamcı" imajına gölge düşürmemek için, kaybedeceklerini bile bile mi ortaya atmışlardı kendilerini? Veya türban gibi haklı ve popüler bir davadan istifade ederek kendilerinin ve devletin gücünü sınamaya mı giriştiler?

Eğer sonuncu şık geçerliyse, İslamcıların karşısına en gözde terörle mücadele uzmanlarını ve istihbaratçılarını çıkartan devletin ne de-

---

3. "Mücadele Sorumluluğu Ertelenemez", *Şahitlik*, s. 209.
4. "Dökülenler ve Kalanlar Üzerine", *Şahitlik*, s. 223-24.
5. "ÖZGÜR-DER Kuruluyor", *Selam*, Ocak 1999, aktaran *Şahitlik*, s. 228.

rece güçlü olduğu, buna karşılık en güçlü bilindikleri yerlerde bile radikallerin ne derece zayıf kaldığı ortaya çıkmış oldu. Güvenlik güçleri, ilk haftanın şokundan sonra eylemleri öylesine şatafatlı bir şekilde bastırdı, birkaç gün içerisinde evlerinden o kadar çok kişiyi gözaltına aldı ki, Malatya, medyanın göstermeye çalıştığının tersine İslamcıların "şeriat provası"na değil, devletin "laiklik provası"na tanık oldu.

Marmara Üniversitesi Eylemleri

İnönü Üniversitesi'nden sonra sıra Marmara Üniversitesi'ne gelmişti. Göztepe Kampüsü önünde "Vatandaş susma, öğrencine sahip çık" ve "Yılgınlık yok, direniş var" diye bağıran bir avuç öğrenci bu sloganlarla aslında ne kadar umutsuz olduklarını dile getiriyorlardı. Nasıl Malatya "radikal İslamcılığın" ise, Marmara Üniversitesi de daha önce türbanlıların bir nevi "kalesi" gibi görülüyordu. Rektör Prof. Ömer Faruk Batırel'in "hoşgörülü" tutumu nedeniyle, diğer üniversitelerde okuma imkânı bulamayacaklarını düşünen çok sayıda örtülü kız da sınavlarda bu üniversiteyi tercih etmişti. Sonuçta 1999-2000 öğrenim yılında Marmara'daki türbanlıların sayısının iki bine yaklaştığı ileri sürülüyordu. Ama eyleme katılanların sayısı hiçbir zaman yüzü bile bulmadı. Diğer arkadaşlarının nerede olduğu sorumuzu bir eylemci şöyle yanıtlayacaktı: "Evlerinde, başlarını açmak için ayna karşısında psikolojik hazırlık yapıyorlar."

Türbanlı öğrencilerin dış desteği de yok denecek kadar azdı. Bir zamanlar kızların eylemlerinden çok, kendi "İslami dayanışmaları"nı ballandıra ballandıra anlatan, türbanın kadın-erkek herkesin davası olduğunu savunan erkeklerin sayısı yirmiyi bile bulmuyordu. Onlarda aynı okuldan arkadaşlarıydı ve sık sık polis tarafından tartaklanıp gözaltına alınıyorlardı. Bunun dışında caddeden geçerken korna çalan bir-iki araba vardı, o kadar.

Eylemi sürdürmeye çabalayanlar, "Yaşadığımız günler, müslümanlar için bir sınanma, canı-malı Allah için feda etme sürecidir. Bu süreçte kimimiz okul hayatını, kimimiz iş hayatını feda etmek durumunda olacağız. Mükâfatını Rabbimizden beklediğimiz bu fedakârlıklar aynı zamanda bizden sonraki nesiller için bir ışık ve örneklik oluşturacaktır,"[6] demeye devam edenlerdi. Ancak bu son direniş çaba-

---

6. Ayşe Gül Çetin, "Direnişi Yükseltelim! Üniversiteleri ve Ülkeyi Özgürleştirelim!", *Şahitlik*, s. 214.

larına desteğin iyiden iyiye azalması, türbanın artık İslami kesimin reel gündeminden tam olarak düştüğünü gösteriyordu. Kaybettikleri kesin olan bir davayı nafile sürdürmeye çok az İslamcı yanaşıyordu.

Türban Neden Kaybetti?

Türbanlılar birçok nedenle mücadeleden yenik çıktılar. İlk akla gelenleri sıralamaya çalışalım:

1) İslamcılar örgütsüzdü ve paramparçaydı. Türban eylemi için ayrı bir örgütlenmeye gitmeyi kimse düşünmezken,[7] bazı gruplar türban eylemleri üzerinden kendi siyasal örgütlenmelerini gerçekleştirmeye niyetlendiler.

2) Eylemciler türban sorununun hangi boyutunun öne çıkartılması gerektiği konusunda kendi aralarında anlaşamadılar. Kimileriyse değişen koşullara ayak uydurma adına sürekli tavır değiştirerek istikrarsızlık sergiledi.

3) Baştan beri köklü İslami cemaatler, kendilerine bağlı kız öğrencilerin aktif bir şekilde eylemlerde yer almasına izin vermediler. Onların, radikallerin etkisi altında kalmasından çekindiler.[8]

4) Radikal İslamcılar ve bazı siyasetçilerin müdahalesiyle, olay aşırı siyasallaştı. Muhtemel bir kalıcı çözüm fırsatı, bu yılların "siyasi meydan okuması"na kurban edildi. Özellikle bir "panayır havası"nda geçen ilk yıllarda, öğrenciler güçlerini ve kendilerine verilen desteği abarttılar. Daha önemlisi sistem hakkında derin bir yanılsama içine girdiler. Başlangıçta davaya sahip çıkma konusunda birbirleriyle yarışan siyasetçiler, 28 Şubat'la birlikte "bu bir partinin değil, herkesin davasıdır" diyerek sorumluluktan kurtulmaya çalıştılar. Bu arada tabii ki kız öğrencileri sistemle başbaşa bıraktılar.

Döneklerin Sorumluluğu

Bu nedenleri daha da uzatabiliriz. Türban direnişini hâlâ sürdürme kararlılığında olan kesimler, başarısızlığın faturasını esas olarak, eylemi yarıda kesip "savrulan" İslamcılara kesmeye çalışıyorlar. Örneğin Ay-

---

7. Esas olarak türbanlıların haklarını savunmak için ÖZGÜR-DER ve AK-DER gibi derneklerin kurulması ancak 1998'de gerçekleşebildi.

8. Bir Süleymancı vakıf yöneticisinin, "olayları kaşıyanların hepsi İran ajanı, isterseniz size isimlerini verelim," dediğini unutmam mümkün değil.

şe Gül Çetin, daha Kasım 1997'de şöyle yazıyordu: "Saf ve homojen bir İslami cemaat oluşturma sorumluluğunun altında ezilip, çıkış yolu olarak hayali bir millet tasviri yapıp bu tasvire sığınma; İslam devleti talebinden demokratik ve çoğulcu topluma çarketme; sisteme devrimci bir tarzda ve topyekun karşı çıkma tavrının zorluğunu 'derin devlet' söylemlerine tutunarak aşmaya çalışma ve benzeri haller hep bu savrulma olgusunun tezahürleri olarak karşımıza çıkmaktadır."[9]

Bu yazıdan bir ay önce *Özgür Üniversite* dergisinde çıkan bir başka yazıda da benzer suçlamalara rastlanıyordu: "Sığınmacı, sağcı, devletçi alışkanlıklarını aşamadan dini duyarlıklarını devam ettiren bir kesim vardı ki, kolay kazanımlar içindeydiler. Resmi ideolojinin İslam karşıtı kimliğini gözetmeden elde ettikleri imtiyazlarla, mevkilerle, ekonomik güçleriyle oluşturdukları aldatıcı bir atmosferin büyüsü içindeydiler. O kadar rahatlayanlar vardı ki sivil toplum anlayışını gündeme getirerek 'müşrik'lerle nasıl barış içerisinde yaşayabiliriz sorusu çerçevesinde projeler üretiyorlardı."[10]

Bu türden eleştirilere daha çok örnek verilebilir. Bu metinler, İslami hareketin yenildiğini, bu yenilgiyle birlikte bir çözülme yaşandığını ve bazı İslamcıların bir zamanki çizgilerinden 180 derece dönmüş[11] olduklarını kabul edip gösterdikleri için belli bir öneme sahipler. Bu metinleri kaleme alanlara, "dönek" olmadıkları için bir ölçüde saygı da duyulabilir – en azından, görüşlerini toptan değiştirdikleri halde hiçbir şey olmamış gibi, hâlâ tek doğrunun kendi tekellerinde olduğunu ileri sürenlerden daha saygın oldukları kesindir. Fakat "yükselen değerlere" kapılmama gayretleri, onları ve onların hep savunageldikleri politikaları eleştirmemize de engel olmamalı.

Türban mücadelesi, birtakım İslamcılar demokrasi, insan hakları ve sivil toplum gibi değerleri keşfettiği için duvara toslamadı. Tam aksine türbanlılar, bu değerleri gerektiği zaman ve yerde savunmadıkları için, yani radikal olduğu ölçüde naif ve ayakları yere basmayan

---

9. Ayşe Gül Çetin, "Mücadele Sorumluluğu Ertelenemez", *Şahitlik*, s. 210.

10. "Zulme Karşı Direniyoruz", *Özgür Üniversite*, Ekim 1997, aktaran *Şahitlik*, s. 185.

11. Birileri "ne yani insanlar değişemez mi" diyeceklerdir. Haklı olabilirler, ama "döneklik" yaftasının sadece solculara yapıştırılmasından da gına geldi. On beş yıl boyunca "dönek" sıfatını haddinden fazla hak eden nice "İslamcı" tanıdım. Ama hâlâ müslüman oldukları, yani dinden çıkmadıkları için kimse onlara dönek filan demiyor. Ya bu tanımı siyasi literatürden tamamen çıkaralım, ya da bu türden şahsiyetlere de gönül rahatlığıyla "dönek" diyelim.

İslamcı perspektifin peşinden gittikleri için, bu kadar geniş bir halk desteğine ve meşruiyete sahip bir davada yenildiler. Onlar ısrarla olayın dinsel ve siyasal boyutunu öne çıkarttılar. Eyleme İslamcı olmayan kesimlerin desteğini katmak isteyenler hemen "sivil toplumcu", "müşrik sevdalısı" olarak yaftalandı ve aşağılandı. Kendilerinden olmayan kesimlerin gönüllü desteğine ihtiyaç duymayan, yani sorunun çözümünü demokratik süreçlerde görmeyen İslamcılar, olayı muhayyel bir İslam devletine havale etmişlerdi.

Kaldı ki laiklik yanlısı kamuoyunun böyle bir desteğe hevesli olduğu da pek söylenemezdi. İşin içindeki bütün "irtica" endişeleri bir yana, İslamcı olmayan kesimler türbanı, kız öğrencilerin bir hak arayışı olarak değil, erkeklerin siyasi nedenlerle kışkırttığı bir sorun olarak görüyordu. Çünkü İslami hareket kendi içinde kadın sorununu çözmemişti, çözmeye de niyeti yoktu, böyle bir sorunun varlığını bile kabul etmiyordu ve bunun doğal bir sonucu olarak erkek egemen söylem ve ilişkiler ilk günden itibaren türban eylemlerine damgasını vurmuştu.

İSLAMCI KADIN GETTOLARI

1980'LERDE İslami hareketin yükselişe geçmesiyle birlikte eskiden evlerine hapsedilen kadınların cemaat veya partinin çıkarları için belli ölçülerde toplumsallaşıp siyasallaşmasına izin verildi. Bu amaca uygun olarak cemaatler veya parti bünyesinde kadın birimleri oluşturuldu. Büyük ölçüde erkeklerin denetimindeki bu birimlerin kadın konusunu ayrı ve özel bir biçimde ele alması arzulanan bir şey değildi, fakat konunun hayatiyeti ve buralara devam eden kadınların belki de biricik kamusal mekânı olmaları nedeniyle bu birimler birer "kadın gettosu"[1] haline geldi.

Özellikle büyük şehirlerde varlık gösteren hemen hemen her cemaatin bünyesinde, kimi durumda bir dernek veya vakıf tabelası altında örgütlenmiş bu birimler, bir nevi "kadın kolu" işlevi görüyordu. Ne var ki bunların önemli bir kısmı ciddi bir faaliyet göstermek yerine, gruba bağlı kadınların başka kuruluşlara yönelmesini engelleyecek şekilde, "dostlar alışverişte görsün" kabilinden ufak tefek işlerle ilgileniyorlardı.

Ancak iki önemli gelişme İslamcı kadın kuruluşlarını derinden etkiledi ve onları dönüştürdü: Birincisi, RP Hanım Komisyonları, başarılı seçim sonuçlarında da kendisini gösterdiği gibi kadınları etkili ve

---

1. Kavramı Sibel Eraslan'dan ödünç aldık. Eraslan, RP deneyimini şöyle anlatıyor: "Kadınlar gettosu şeklindeki hanımlar komisyonu, kendilerine benzeyen ve kendilerini anlayan bir sıla-yurt anlamındadır. Bu topluluk ruhu, sanal bir gettodan esmemektedir; zira bu 'kadın-kadına'lık, sadece toplantıdan toplantıya değil, yaşamlarının pek çok kısmı ve şeklini birlikte paylaşmayla, dayanışmayla ilgilidir. Sözgelimi birbirlerinin çocuklarına bakmak, ev işlerinde yardımlaşmak, ekonomik destek bunlardan bazılarıdır." S. Eraslan, "Refahlı Kadın Tecrübesi", *Osmanlı'dan Cumhuriyete Kadının Tarihi Dönüşümü*, der. Yıldız Ramazanoğlu, Pınar, 2000, İstanbul, s. 216-17.

yoğun bir şekilde harekete geçirmişti.[2] İkincisiyse, eğitim, kültür ve toplumsallık düzeyi yüksek çok sayıda kadın, türban yasağı nedeniyle okulunu veya işini kaybedince kendilerini bu tür "sivil toplum"[3] faaliyetlerine hasretmişti.

Bu iki gelişme, kadın kuruluşları üzerindeki erkek denetimi/hâkimiyeti konusunda iki zıt sonucu da beraberinde getirdi. Başlangıçta bir grup genç militanın gayretleriyle kurulan RP Hanım Komisyonları, parti tabanı tarafından önce şüpheyle karşılanmıştı. Fakat bu çalışmaların ilk meyveleri toplanmaya başlayınca partili erkekler, eşlerinin, annelerinin, kızlarının bu komisyonlara girmelerine onay verdiler. Büyük bir hızla büyüyen ve kilit bir konuma gelen Hanım Komisyonlarına, Milli Görüş hareketinin önderleri (Erbakan ve etrafındaki oligarşi) müdahale etmekte gecikmedi. Nermin Erbakan, Güner Kazan gibi "first lady"ler, kızları, yeğenleri ve gelinleriyle birlikte komisyonların köşebaşlarını tuttular. FP ile birlikte komisyonlardaki aile hegemonyası daha da bariz bir hal aldı. 1999 seçimlerinde seçilecek yerlere yerleştirilmiş iki örtülü adaydan biri Ahmet Tekdal'ın, diğeri de Erbakan'ın yakın dostu Prof. Yusuf Ziya Kavakçı'nın kızlarıydı.[4]

---

2. İslami hareket içerisinde kadın hakları mücadelesi verenler arasında RP/FP geleneğinden gelenlerin sayısı şaşırtıcı derecede azdır. Bir diğer şaşırtıcı husus da, öne çıkan İslamcı kadınların RP/FP'ye çok sert eleştiriler yöneltmeleridir. Örneğin F. K. Barbarosoğlu şöyle konuşuyor: "Dindar kadınları siyasallaştırmış gibi gösteren RP'nin medyada sansasyon uyandıracak faaliyetleri oldu. Bu faaliyetlerin altı boş. Herkesin yaptığını bir de başörtülü kadınlar yapsın mantığından öte giden bir şey yok. Dolayısıyla sokakta görülen her başörtülü kadının irtica sembolü sayılması, evet, RP'nin yükselişiyle ilgilidir. Fakat bu ilgi, laikçi kadınların başörtülüleri tehlike sembolü olarak yansıtmasından dolayıdır. Yoksa siyasi bilinç manasında çok fark edilir bir gelişme yok." (Nazife Şişman, *Kamusal Alanda Başörtülüler, F. K. Barbarosoğlu ile Söyleşi*, İz Yayıncılık, İstanbul, 2000, s. 124.) RP/FP'ye yönelik bu tepkide, faturasını esas olarak kadınların ödediği 28 Şubat sürecindeki basiretsizliğe duyulan öfkenin de payı büyük olsa gerek.

3. "Sivil toplum" kavramı İslamcılar tarafından yeni yeni kullanılır oldu. Daha önceleri "gönüllü teşekküller" olarak adlandırılan bilumum İslami vakıf ve dernek, önemli bir bölümü cemaat içi kapalı devre faaliyet gösteriyor olmakla birlikte, kendilerini birdenbire "Sivil Toplum Örgütü" olarak tanımlar oldular. Hatta yurtdışıyla fazla alakaları olanlar "NGO" tabirini de sıklıkla kullanıyorlar.

4. Merve Kavakçı olayı, başlı başına geniş bir inceleme ve tartışma gerektiriyor. Kavakçı, RP Hanım Komisyonları'nda pişmiş biri değildi; Erbakan tarafından paraşütle indirildi. Örtüsü dışında –ki onun da epey şık olduğu biliniyor– ABD'de yaşamış olması, eğitimi, dil bilmesi gibi özellikleri onu FP tabanından çok "Beyaz Türklere" yakınlaştırıyordu. Merve'nin seçilmesi örtülü kadınlarda başta büyük bir sevinç ve coşku yarattı. Kendisine çıkartılan engellerse bu kesimin devlete ve kurum-

İslami Kadın Platformları

Parti dışındaki kadın kuruluşlarındaysa büyük ölçüde farklı bir gelişme yaşandı. Bu kuruluşlar, giderek cemaat vb. bağlarından uzaklaşarak, en azından özerk bir statüye kavuşup kendilerini esas olarak kadın sorunlarına adadılar. Büyük şehirlerde platformlar oluşturarak birbirleriyle koordinasyon içinde çalışan İslami kadın kuruluşları, 1996'da İstanbul'da düzenlenen Habitat zirvesinde diğer STÖ'ler gibi ilk ciddi sınavlarını verdiler ve sonra da ülke içi ve dışındaki kadınlarla ilgili olarak düzenlenen her türden etkinliği yakından izlemeye başladılar.

Bu arada doğrudan kadın sorunlarını olmasa da kadın-kadına ülke ve dünya sorunlarını tartışmaya yönelen, bu amaçla periyodik olarak konferanslar düzenleyip buralara konuşmacılar davet eden inisiyatifler de oluştu. Doğrudan türban konusuyla ilgili olarak dernekleşmelerin ancak 1990 sonlarında (AK-DER ve ÖZGÜR-DER) yaşanmış olması da dikkat çekiciydi.

"Hikmetli Sessizlik"

İslami hareketi gözlemlemeye çalıştığım on beş yıl boyunca kadınların az konuşup çok iş yaptıklarına tanık oldum. Dindar kadınlar, genel konularda suskun kalmanın yanı sıra kendilerini doğrudan ilgilendiren konularda da ağızlarını pek açmadılar. Bu noktada en önemli istisna Cihan Aktaş'tır.[5] Aktaş gibi bir başka öykücü Halime Toros'un

---

larına olan bağlılığını bir ölçüde zedeledi. Ancak Merve'nin Amerikan vatandaşı olduğunun ve bunu gizlediğinin anlaşılmasıyla kafalar iyice karıştı. Sonunda Merve Kavakçı, Türkiye'deki örtülü kadınların simgesi haline geldi. Bunu ne kadar hak ettiği tartışılır.

5. Aktaş'ın kadın konusundaki kitapları şunlar: *Sömürü Odağında Kadın*, Bir Yayıncılık, 1984; *Kadının Serüveni*, Girişim Yayınları, 1986; *Sistem İçinde Kadın*, Beyan Yayınları, 1988; *Tanzimattan Günümüze Kılık Kıyafet ve İktidar* (İki cilt), Nehir Yayınları, 1989 ve 1990; *Tesettür ve Toplum, Başörtülü Öğrencilerin Toplumsal Kökeni Üzerine Bir İnceleme*, Nehir Yayınları, 1991; *Modernizmin Evsizliği ve Ailenin Gerekliliği*, Beyan Yayınları, 1992; *Mahremiyetin Tükenişi*, Nehir Yayınları, 1995; *Devrim ve Kadın*, Nehir Yayınları, 1996. Aynı zamanda öykü yazarı olan Aktaş'ın hepsi Nehir Yayınları'ndan çıkan *Üç İhtilal Çocuğu* (1991), *Son Büyülü Günler* (1995), *Acı Çekmiş Yüzünde* (1996), *Azizenin Son Günü* (1997) ve *Suya Düşen Dantel* (1999) adlı kitapları yayımlandı.

1990'daki *Tanımsız*[6] adlı kitabı da, dindar kadınların bütün yaşadıklarına rağmen suskunluğu tercih etmelerine bir tür isyandı. Toros, dört yıl sonraki *Sahurla Gelen Erkekler*[7] adlı öykü kitabından sonra 1997'de çıkan *Halkaların Ezgisi*[8] adlı romanında bu sorgulama ve hesaplaşmayı sürdürdü.

İkisine ek olarak, Fatma Karabıyık Barbarosoğlu, Nazife Şişman, Muallâ Gülnaz, Yıldız Ramazanoğlu gibi bir avuç ismin dışında, dindar kadınlara ve onların serüvenlerine eleştirel bir gözle ve kadınlardan yana saf tutarak bakan çok az kişi çıktı. 1980'li yıllarda epey popüler olan Emine Şenlikoğlu ise, hem kadınların dertleriyle dertlenip hem de erkek egemen İslamcı söylemin dışına çıkma cesareti gösteremediği için kendisini tüketti.

İslamcı kadınların sessizliğini, RP söz konusu olduğunda Sibel Eraslan "hikmetli sessizlik" olarak tanımlıyor: "Bu, parti içindeki oluşlara karar veren mekanizmaların üstte ve itimada layık, saygıdeğer kişiler tarafından işletiliyor olmasıyla ilgilidir. 'Hikmetli sessizliğin' önemli bir sebebi de, parti sayesinde zar zor yakalanan kısmi özgürlüğü, her şeye rağmen, her şeyi sineye çekerek gittiği yere kadar sürdürebilmek istencidir. Siyasi muhalefet yerine varolan 'hikmetli sessizliğin' en önemli sebebiyse, kuşkusuz dini içerik kazanmış siyaset algısıdır. (Allah-baba-koca onayı)."[9]

Ancak Eraslan'ın alıntı yaptığımız makalesinin de yer aldığı sekiz yazarlı kitap[10]; yine Eraslan'dan bir yazıyı da kapsayan *İslamiyat* dergisinin Hidayet Şefkatli Tuksal tarafından hazırlanan "Kadın Özel Sayısı"[11] ve yine Tuksal'ın kitabı,[12] bu sessizliğin daha fazla sürmeyebileceğinin işaretlerini veriyor.

Kadınların suskunluğuna bir tür kutsal anlam atfetmeye çalışan Sibel Eraslan'ın, aslında ne kadar çok konuşma yanlısı olduğunu anla-

---

6. Halime Toros, *Tanımsız*, Damla Neşriyat, 1990, İstanbul.
7. Halime Toros, *Sahurla Gelen Erkekler*, Vadi, 1994, Ankara.
8. Halime Toros, *Halkaların Ezgisi*, Kırkambar Yayınları, 1997, İstanbul.
9. Sibel Eraslan, "Refahlı kadın tecrübesi", *Osmanlı'dan Cumhuriyete Kadının Tarihi Dönüşümü*, der. Yıldız Ramazanoğlu, Pınar, 2000, İstanbul, s. 220.
10. *Osmanlı'dan Cumhuriyete Kadının Tarihi Dönüşümü*, der. Yıldız Ramazanoğlu, Pınar, 2000, İstanbul.
11. Kadın Özel sayısı, *İslamiyat*, III, Nisan-Haziran 2000, sayı 2.
12. Hidayet Şefkatli Tuksal, *Kadın Karşıtı Söylemin İslam Geleneğindeki İzdüşümü*, Kitabiyat, Ankara, 2000.

manız için kendisiyle yaptığımız aşağıdaki röportajı okumanız gerekecek:

RP Hanımlar Komisyonu'nun öyküsünü anlatır mısınız?
SİBEL ERASLAN: 1989-90 döneminde başladı. O dönemde ben hukuk son sınıftaydım. Başörtüsü eylemleri vardı, okula giremiyorduk. Üniversitede, ondan sonraki yaşamımızın da hiç kolay olmayacağına dair bir izlenim edindik. Eylem sırasında bütün siyasi liderlere başvurmuştuk. Gruplar halinde Turgut Özal ve Alpaslan Türkeş'le görüşülmüştü. Bülent Ecevit'le de bağlantı kurmaya çalışmıştık. Necmettin Erbakan ise gelip bize destek vermişti. Erbakan'ın bu hareketi, bizim çok hoşumuza gitmişti. Ben o döneme kadar Erbakan'ı tanımıyordum. Sanıyorum bu desteği hayatımın sonuna kadar unutamayacağım. Kendimizi yalnız, dışlanmış ve sıkıştırılmış hissediyorduk. O tarihte Recep Tayyip Erdoğan RP İstanbul İl Başkanı idi. Bizle toplantı yaptı ve partinin hanım komisyonunu kurmamızı istedi. Bu teklif bize de iyi geldi, çünkü yapacak başka bir şey de yoktu pek. Barodaki stajımda da çok zorluk çekiyordum. İstanbul Barosu'nun ilk başörtülü stajyerlerindenim ben. Kamusal alanda varolma hayalleri kuruyorduk. Siyasete girmek bize bu imkânı tanıyabilirdi.

RP'nin arayışı neydi?
Karşılıklı bir yarar ilişkisi diyebiliriz. 1986'ya kadar RP'nin kadın üyesi yoktu ve herhalde siyasete kadınları da sokmaya karar vermişlerdi. Bildiğim kadarıyla birtakım kamuoyu araştırmaları yaptırmış ve kadınların siyasete ilgisiz olduğunu saptamışlar. Kadınları aktifleştirebilmek için de aktif kadın siyasetçilere ihtiyaç duymuş olmalılar. Siyaset, kadınların "iyi gözle bakmadıkları", güven duymadıkları bir sahadır. Bütün siyasi partiler kadın kitlelere ulaşamama sıkıntısı çekiyorlar. RP, İngiltere'de "kanaviçe yöntemi" denen, kadınlarla birebir siyaset yapma yöntemini benimsedi. Bu, her iki tarafa da iyi geldi. Bir yanda üniversiteyi bitirmiş, ama çok sıkıştırılan ve kendilerine bir yer bulamayan kızlar, diğer yanda siyasette başarılı olmak isteyen erkekler ve nihayet dışarı çıkmak isteyen kadınlar. Bu üçlü arasında iyi bir ilişki kurulduğu zaman çok iyi şeyler yapıldı.

Tayyip Erdoğan kilit bir isim olmalı?

Tabii, ilk kez İstanbul'da uygulandı ve başarılı oldu. Tayyip Bey de il başkanıydı. Bir de Bahri Zengin Bey vardı, Genel Merkez'de kadın ve siyaset ilişkisini düşünen, konuşan ve yönlendiren.

Kimlere gittiniz ilk olarak?
Öncelikle teşkilatı kurmak için partide görevli erkeklerin eşleri, kızları ve kardeşlerine gittik. Esas vagonlar bunlardı. Ayrıca üniversite ve liseli kızlara da ulaşarak teşkilatlanmayı tamamladık. Daha sonra, banliyöden merkeze, adam adama, kapı kapı bir çalışma...

Geleneksel parti tabanı bunu yadırgamadı mı?
Bunu söyleyemem, çünkü lider Erbakan ile taban arasında çok değişik bir iletişim vardı, hâlâ daha öyle. Sadece konuşma, sözler değil, duruş, bakış, ima... Taban, Hoca'nın gözlerine baktığında ne istediğini anlıyordu. Liderle birlikte taban da şekil alıyordu. Buna hep hayret etmişimdir. Partinin uygulamaya koyduğu yeni bir politikaya bile kısa zamanda adapte olabilen bir taban söz konusu. Siyasi duyarlığı artırılmış bir taban olmasından kaynaklanıyor olabilir.

Erbakan'ın onay ve desteği olmadan komisyonlar olmazdı, diyorsunuz...
Olmazdı. Hanımı Nermin Hanım ve kızları Elif ve Zeynep Hanımlar da aktif siyasetin içindeydiler o zaman, hâlâ öyle.

RP'li kadınlar en çok seçim kampanyalarında kendilerini gösterdi. O kapı kapı dolaşmalarda çok öykü yaşanmış olmalı.
Önceleri alışılmadık bir şeydi, ama artık bütün Türkiye biliyor. Zaten zamanla başka partiler de, başka sivil toplum örgütleri ve kadın kuruluşları da bunu örnek aldılar. Tabii çok hikâyeler var. Bunlar yazılmamış, anlatılmamış hikâyeler. Bu hikâyeleri yazıp anlatmadığımızda, suskun kaldığımızda yerleşik ataerkil sistemle bir ölçüde işbirliği yaptığımızı düşünüyorum zaman zaman. Ama kadınların kendilerine ait öyküleri anlatmasının Türkiye'de çok cesaret isteyen bir iş olduğuna da inanıyorum. O kadar kolay değil. 27 Mart 1994 yerel seçimleri İstanbul'da on sekiz bin kadın teşkilatçıyla göğüslenmişti. Kapı kapı, ev ev dolaşan, yüz yüze siyasetin aktörleri olan bu kadınların elbette önemli hatıraları vardır. Bence önemli olan, kapıları çalan kadınların değiştirme gücüydü. Siyasi etkinlik, 90'larda bu kadınlarla birlikte anlam değiştiriyordu. Kürsüden yapılan kurtuluş konuşmaları

Sibel Eraslan

değil, kapınızı çalan, sıradan bir dostlukla dertleşen, ortak sorunlarınızdan bahseden kadınların, siyaseti yapış tarzlarından ve bunun ne kadar insani olduğundan bahsetmek istiyorum. Bu arada RP'li kadınlar, yerleşik ev kadını imajını değiştirirken, kendileri de aslında değişiyorlardı. Daha toplumsallaşıyorduk, özgüvenimiz artıyordu. Fakat bu değişimin yapısal bir şey olduğunu söyleyemem. Her şeye rağmen, söz gümüştü ve sükut benim için bile çoğu kez altın.

Yazınızda "hikmetli sessizlik"ten bahsediyorsunuz. Sessizliği anlıyorum da, hikmet bunun neresinde?

İşin içinde belki biraz kadercilik var. Biraz da dini itici güçle siyasetin içinde varolmakla ilgili bir şey. Dini içselleştirmekle, din ile siyaseti birlikte algılamakla ilgili. Bunun tamamen kadınların siyaseti algılamasıyla ilgili bir sorun olduğunu düşünüyorum. Kendini dindar olarak tanımlayan ve sokaklarda siyaset yapması akıllardan bile geçmeyen bir zümreden bahsediyoruz. Kamusal alana çıkışları değil, evden dışarı çıkışları bile çok sıkı kurallara bağlanmış kadınlardan. Bu arada, RP'nin söylemi içindeki adalet, yolsuzluğa son, rüşvete hayır, eşitlik ve sınıf eleştirisi gibi bahislerin dini karşılıklarını hissetmek de hoşumuza gidiyordu. Böylece siyaset, biz kadınların elinde hayırlı bir işe dönüşüyordu. Bütün bu katkılar, hayatı yeni tanımayla ilgili tecrübesizlikler, dini içsellikle beslenen bir tür sessizliğe dönüşebiliyordu.

"Allah'tan, babadan, kocadan onay almış ender bir hareket" diyorsunuz.
Bu çok büyük bir güç.

Feministler, en azından "koca onayı"na çok kızacaklardır.
Ona bakarsanız Allah'tan onay almayı da çok dert edinmeyen insanlar var. Dünyada bu her üçünden de onay alan hareketler hep başarılı olmuşlardır. RP'nin çalışan kadrosu için baba ve koca onayı zaruri ve doğal bir vakıaydı, toplumumuzda bu böyle. Ütopyadan değil gerçeklerden söz ediyorum.

Kocalar, ne dereceye kadar onay veriyorlardı? Herhalde bir sınırları vardı.
Önce bir idol gibi ortaya çıkan kadınlar oldu. Bunlar çok takdir gördü, diğer kızlar ve kadınlar da o takdir edilen kadınlara benzemeye çalıştı. Bu her zaman, her yerde böyle olmuştur. Mesela şimdi kızlar Merve Kavakçı gibi giyinmeye, onun okuduğu okullara gitmeye çalışıyorlar. RP döneminde de dışarıda görünür olan bir kadın grubu vardı ve bunlar kocalardan da, kadınlardan da onay aldı. Özellikle ikinci dalga genç kızlar bunlara benzemeye çalıştı. Hanım komisyonlarını kuran bu ilk grubun kadınları tahsil yapmaya çalışan, söyleyecek sözü olan kadınlar. Mesela bir toplantıda bir fotoğrafçı fotoğraf çekmek istediğinde yüzünü kapayan çarşaflı kadınlar zamanla yurt meselelerinden, ekonomiden konuşmaya başladılar. Bu çok kısa bir zamanda oldu. 1990 ile 1995 arasındaki sürede politize olup dönüştüler.

Onayın sınırı nereye kadardı? Belli bir yerden sonra "ötesi yok" diyorlar mıydı?
Ötesini denemeniz lazım. Denemeye kalkıp da durdurulmanız halinde bu ortaya çıkar.

Mesela kadınların aday olması...
Aday olmayı erkekler engellemiyordu, biz kendimizi engelliyor-

duk. Belediye başkanı, milletvekili olmanın bizi dünyevileştireceği, yani bizi alçaltacağı şeklinde bir inancımız vardı. Siyaseti Allah rızası için yaptığımızda manevi olarak kendimizi yücelmiş görüyorduk. Sorulduğunda "siyaseti Allah rızası için yapıyoruz," diyorduk. İstanbul'da ben, Ankara'da Halise Çiftçi, Mine Aköz bu şekilde cevap veriyorduk. Ama artık FP'de bu şekilde cevap verilmiyor. Memleket meseleleri ve somut politikalar üzerinden cevap veriliyor.

Ama partiden birileri seçilip statü kazanıyordu.
Zaten bir süre sonra kendinize sormaya başlıyorsunuz. "Onlar da bizim dava arkadaşlarımız, onlar da Allah rızası için çalışıyorlar, ama belediye başkanı veya milletvekili olmaları Allah rızasını gölgelemiyor mu?" diyorsunuz. Bizden sonra gelen ikinci kuşak kadınlar bunu daha rahat cevaplayacaklar sanırım.

Şöyle bir imaj oluştu: RP'de kadınlar sayesinde erkekler seçiliyor...
Bütün dünyada ve Türkiye'de bu böyle. Ayrıca Meclis'e gönderdiğimiz kadın olan Merve Kavakçı'nın durumu da ortada. 1998'e kadar "niye kadın adayınız yok?" deniyordu. 1999'da ise "bu kadına haddini bildirin," dendi.

RP Hanım Komisyonları'nın bir "kadınlar gettosu" haline geldiğini söylüyorsunuz.
Evet ama buna RP karar vermedi, orayı biz kadınlar bu hale getirmiştik.

Getto kavramını sahipleniyorsunuz sanki.
Hoşuma gidiyor, kötü bir şey değil. Ayrıca çok önemsiyorum. Çok rahatlatıcı bir mekân ve atmosfer olduğunu düşünüyorum. Çünkü kendi cinsime dair bir güven var içimde. Kendi cinsimle beraber olmak, onlarla birlikte dayanışma hissi içinde siyaset yapmak bana müthiş bir sevinç ve coşku veriyor.

Erkekler ne kadar az bulaşırsa o kadar daha iyi olur mu diyorsunuz?
Siyaset, zaten yapısı gereği erkek doğasıyla iç içe: Bir güç savaşı, nemaların paylaşılması. Bu sadece siyasi iktidarların ve paranın değil her türlü gücün paylaştırılması. Bu savaşta insanlar çok şeffaf, niyet-

ler ortada ve bir satranç tahtası gibi siyaset ve çok erkekçe. Belki de bu iktidar savaşı içinde olmadığımız için gettomuz daha yumuşak, daha kadınsı, daha insaniydi.

Kadınlar arasında hep "kol kırılır yen içinde" mantığı egemen oldu değil mi? Dışarıya karşı bölünmüşlük havası vermemek için hep içlerine mi attılar?

Bu sadece siyaset için geçerli değil, bütün kadın hikâyelerinde bu var. Kadın kendine dair ezilmişlikleri, ihanetleri, haksızlıkları açıklamak istemiyor, çünkü bunları açıklarsa eksik kadın olarak değerlendirileceğini düşünüyor. Şiddete maruz kalan kadınlar da aynı durumda ve bu yüzden şiddeti içselleştiriyorlar. Sadece dayağı kastetmiyorum. Nasıl bir şeyi sıfırla çarptığınızda sıfırlanırsa şiddet de insanı eğriltiyor, yamultuyor; hem kişi kendinde eksik arıyor, hem de bunu anlattıkları onda bir eksiklik görüyor. Onun için anlatamıyor.

Dindar kadının sorunu da bunun bir parçası.

Genel bir sorun var, dindar kadın da, olmayan da aynı sorunu yaşıyor.

Kendi çevrenizdeki kadınlar için sığınma evleri düşünüyor musunuz?

Henüz hayata geçmemiş projelerimiz var. Ben bir avukatım ve bu şekilde sayısız hikâye dinledim. Başörtülü veya kendini dindar hisseden kadınların çok daha ayrı bir sorunları var: afişe olmaktan korkuyorlar. Mevcut sığınma evleriyle ilgili olarak basının abartarak ürettiği bir sürü rivayet var. Buralarla ilgili yanlış ve kötü imajlar kadınları rahatsız ediyor. Bu imajları kırmak, insanları ikna etmek çok zor. Arkadaşlarla oturup konuştuk. Bu kadınların, bizim de içinde olduğumuz sığınma evlerine çok daha rahat başvurabileceklerini, bunu yapmamız gerektiğini düşündük. Fakat bunun arkasında çok güçlü bir finans desteği lazım. Ayrıca mevcut ataerkil yapıyla da bir gerilim içinde olacaksınız. Ona verilecek iyi ve dini cevaplar gerekiyor. Bunların hazırlığı zaman ve cesaret gerektiriyor.

Niye FP'li belediyelere başvurmuyorsunuz?

Onları zorlayamazsınız. Bunu daha çok sivil toplum kuruluşlarının üstlenmesi gerektiği kanısındayım. Çünkü Mersin ve Bursa'daki arkadaşların deneyimlerini dinledim ve zaman içerisinde belediyeyle anlaşmazlığa düştüklerini öğrendim. Belediyelerin oralara çok sıradan, ilgisiz idareciler yolladığını ve bu yüzden sorunlar çıktığını anlattılar. Mesela Belçika'da devlet on yıl boyunca sığınma evlerinde görev alacak kişileri eğitmiş. Bizde böyle görevliler yok. Dolayısıyla belediye veya devlet mekanizmalarıyla böyle bir ilişki içine girmek istemem. Kendim gibi duyarlı olan insanlarla bir sivil toplum kuruluşunun çatısı altında yapmak isterim. Herhangi bir denetim veya vesayet ilişkisi sorunlar doğurur.

Son dönemde fazla lafı edilen çokeşlilik olayı var dindar kesimde?
Dindar olmayanlarda da var. Erkekler bu işi yapıyorlar! Televizyon ve gazeteler sürekli meşrulaştırıyorlar bu işi.

Çokeşliliğin dini olarak meşrulaştırıldığı ve belli bir yaşa gelmiş erkeklerin genç kızlarla evlilikler yaparak eşlerini ve çocuklarını boşladıkları söyleniyor.
Bu biraz da artan ekonomik güçle ilgili. Özellikle 1994'ten sonra şehirlerde yeni zenginler türedi. Siyasi patlamayla paralel bir ekonomik gelişme oldu. Siyasetin kanatları altındaki bir ekonomik gelişmeden söz etmiyorum. Siyasette nasıl bir çalışma varsa, ekonomide de büyüme için benzer bir çaba vardı muhakkak. Dini nedenlerle değil, biraz daha fazla harcamak, dünyadan biraz daha fazla zevk almak, biraz daha yiyip içmek arayışıyla ilgili bir şey. Tabii Kuran'da belirli şartlar altında verilmiş ruhsatı kendilerine dini bir maske olarak kullanıp rahatlama içine giren insanlar oldu. Hukukçu kimliğimle söylüyorum: Kadınlar hâlâ bunu bir sır olarak saklıyorlar. Bu da bir nevi şiddet. Kadınlar hikmetli bir sessizlik içinde boyun eğdikleri takdirde hem Allah rızasını kazanacaklarını, hem de kendilerine yönelik doğabilecek şüpheleri engelleyebileceklerini düşünüyorlar. Çünkü bunun bilinmesi durumunda o kadının muhakkak bir eksikliği olduğu, kocası için yeterli olmadığı söylenecekti. Bazen çok ünlü bir yazar, ünlü bir işadamı söz konusu olabiliyor. Bunların ortaya çıkması o cenahla ilgili soru işaretleri ortaya çıkarabileceği için, grup adına da suskunluk olabiliyor; kadınlar susmaya ikna edilebiliyorlar.

Bu suskunluk kırılmalı mı diyorsunuz?
Hintli yazarlar daha da ileri giderek anlatmayışın bir işbirliği olduğunu söylüyorlar. Ama bizim geleneğimizde anlatma çok yok. Kadın otobiyografileri bile çok az. Sükût, altından tahtını bırakacağa benze-

miyor. Söz gümüş, yazı ise neredeyse bakır bile değil. Kadının yazı ve konuşmalarında birinci tekil şahsı kullanması neredeyse yasak. Teşhircilikle, amatörlükle, sübjektif olmakla suçlanabiliyorsunuz. Halbuki dil varoluşun meskenidir. Cinsiyeti de yoktur. Profesyonel olarak kabul edilmek, suskunluğu kırmak kolay değil. Margot Bedran bir keresinde bana, "kadınlığın tarihi, sanki suskunluğun tarihi gibi," demişti. Onu zamanla anladım. Kendimi susturulmuş bir cumhuriyet kadını olarak görüyorum.

Bazı genç kızların, evli erkeklerin ikinci eşi olmayı tercih ettikleri söyleniyor.
Bunun, şu an yaşadığımız korkunç kapitalist düzeyle ilgili olduğunu düşünüyorum. Bizim zamanımızda daha çok devrimciler arkadaşlarıyla evlenirlerdi. Hepimiz böyle evlilikler yaptık. Ama şimdiki kızlar farklı düşünebiliyorlar, çünkü devrimciyle evlenmek açlık, fakirlik demek. Adam hapse girebilir, sen girebilirsin, zanlısın; askerliği var adamın... Bu sorunlarla uğraşmak istemiyor olabilirler. Yeni dönem kızlar aileyi de, mesuliyet almayı da çok istemiyorlar.

Bu hesaplaşma olabilecek mi?
Bu hesaplaşma kadınların itiraf etme gücüne bağlı; itiraf ettikten sonra sağlıklarını koruyup koruyamamalarına bağlı. Hâlâ kendinden bahseden yazarlar eleştiriliyor, "bir kadın yazısı" deniliyor. Birinci tekil şahsı çok kullandığınızda bir yazar olarak aşağılanıyorsunuz. Kendinizden bahsetmeniz çok tehlikeli bir şey. Onun için kendinizi hikâyelerdeki kahramanların arkasına gizlemek zorundasınız. Hatta kahramanların da çok ötesine gitmelisiniz.

Erkekler cinsel sorunlarını bile yazabiliyorlar ama.
Erkeklerin bu tür şeyleri yazması daha doğal karşılanıyor. Tüm ataerkil kültürler aynı, Arap edebiyatında da bu böyledir.

Başka bir erkekle evlenmek için eşinden ayrılan kadın oldu mu hiç?
Hayır, böyle bir şeye tanık olmadım, ama iyi gitmediği için evliliklerini bitirmek isteyenler var elbette.

Merve Kavakçı olayına gelelim. Siz nasıl bakıyorsunuz?
Onun temsil ettiği, görüntüsüyle ilintilendirilebilen bütün temala-

ra sahip çıkıyorum. Anadolu yakasında seçim kampanyasında beraber çalıştık. Bu bana büyük bir coşku verdi, tabanda da öyle. Merve'yi erkekler de övgüyle, sevgiyle bağırlarına bastılar. Halkla, esnafla birebir ilişkisi çok güzeldi.

Hanım komisyonlarından değil galiba?
Daha önceki komitelerle belli bir geçmişi var. Ankara'da mahalli idareler birimlerinde de çalışmış.

Kavakçı'nın Amerikan vatandaşı çıkmış olması sizde nasıl bir duygu yarattı?
Şaşkınlık... Çok büyük bir şaşkınlık yarattı. Fakat Başbakanın ve medyanın meseleyi öyle bir tırmandırışı vardı ki Amerikan vatandaşlığını tartışmaya bile vakit yoktu. Merve'nin şahsında bütün dindar kadınlar aşağılanmak isteniyordu. ABD vatandaşlığı meselesini bilmiyordum. İslami camianın Amerikan karşıtı bir söylem içinde olduğunu biliyorsunuz. Yıllardır Amerikan aleyhtarı çok gösteriye katıldım. Amerika'nın vahşi kapitalizminden, Kızılderililere, zencilere ve Hiroşima'ya yaptıklarından hiç hoşlanmıyorum. Bu arada beni ve yüzbinleri temsil eden arkadaşımın ABD vatandaşlığı tartışılıyor. O dönemde hiç de iyi hissetmiyordum kendimi, şoktaydım, hayal kırıklığı, paramparçalık filan... Daha sonra arkadaşım bir Türk ile evlendi. Şu anda hukuken vatandaşlık sorunu kalmamış durumda. Benim için ne değişti? Yani bir gece arkadaşınızın Amerikalı olduğunu öğreniyorsunuz, ertesi gün yine Türk oluyor. Vatandaşlık kavramının ne kadar sanal bir şey olduğunu düşünüyorsunuz.

Babası Erbakan'ın arkadaşı olmasa aday gösterilir miydi?
Bunda tek unsur ailesi değil. İyi bir eğitim görmüş olması, Amerika'da okumuş olması şu anki konjonktürde puan getirici şeyler. Yani Merve'nin seçimi sıradan bir seçim değildi. Merve'nin Amerikan vatandaşı çıkmasıyla hepimizin gizli gizli ne kadar da milliyetçi olduğumuz ortaya çıktı. Ne kadar da Türkmüşüz, birdenbire Merve'ye Türk eş arandı: Türk olacak, genç olacak, iyi biri olacak!

Merve'yi aday göstermekle FP'nin hata yaptığını düşünüyor musunuz?
Asla ve Recai Kutan'a da çok minnettarım. Sonuna kadar Kavakçı'ya sahip çıktı. Merve'yi istifa ettirebilirlerdi, ama kapatılmayı bile gö-

ze alarak taviz vermediler. MHP'nin yaptığı gibi başını açtırabilirlerdi. Sonuna kadar arkasında durdular.

RP ile FP arasında çok büyük fark görüyorsunuz değil mi?
Reel politikanın tanımladığı gerçeklerle daha örtüşen bir söylemi var FP'nin. Hukuk devleti, insan hakları hep söylediğimiz şeyler, ama benim kalbimin bir yerlerinde hep "Allah rızası için siyaset" yapma kaygısı varolmuştur. Ben FP'den farklıyım. RP'deki siyasete giriş temam hâlâ varlığını koruyor. FP'de daha toplumsal, alçak basınçlı, nabzı düşük bir söylem var.

Nazlı Ilıcak, Oya Akgönenç gibi isimlere ne diyorsunuz?
1999 yılı benim atomize olduğum bir yıldı diyebilirim. Görünüşü bana benzeyenlerle farklı gruplara düşebildik, görünüşü ve yaşayışı hiç de bana benzemeyenlerle yan yana durabildik. Başörtülü ve dindar arkadaşlarım –MHP'li olanları kastediyorum– beni ülke için tehdit parantezinde sayabildiler. Buna karşın, gece-gündüz tüm yaşamı bana taban tabana zıt Nazlı Hanım'ın partimden vekil olması için çalıştım. Şanar Yurdatapan ile politik görüşlerim uyuşmadığı halde "F tipi" cezaevi gösterilerinde sille tokat dayak yiyen kadınları destekleyen yazılar yazıyorum. *Akit* gazetesinde sırf bu yüzden "beyaz yazma" kampanyası başlattım. Bütün bu kopuk kopukluklar basit tecrübeler değil. Bir taraftan grup kimliğiniz dağılıyor, mensubiyet hissiniz örseleniyor ve yalnızlaşıyorsunuz. Diğer taraftan mesela, din ve siyasetin ne kadar da ayrı şeyler olduğunu görüyorsunuz. İnsanlarla belli işleri yapmak için biraraya geliyorum, sonra herkes yoluna devam ediyor. Bütün bunların sonunda hiçbir yere tam olarak ait olmadığımı düşünüyorum.

Başörtüsü davası kaybedildi mi?
Hayır kaybedilmedi, kaybedilmemesi gerekir. 28 Şubat sürecinden sonra çok darbeler alındı. Çocuklar bir seçime itildiler: Başörtü ve dinleri mi, kamusal alan ve okul mu? Kamusal alan o kadar pırıltılı, şaşaalı bir yerde ki, o kadar hayatın ta kendisi olarak tarif ediliyor ki, çocuklar ikinci bir seçenek yapamayacak noktaya getirildiler. Anadolu liseli çocuk valinin yanında başını açıp, belediye başkanının yanında başörtüsünü örttü. Onu bu duruma sürükleyenler gerçekten kötü insanlar. Bir kamusal alan şizofrenisi yaşıyoruz.

Erkekler bu davaya gerçekten sahip çıktı mı?
Sahip çıktılar mı bilmiyorum, ama başörtüsü üzerinden yazı yazarak, başörtüsü sayesinde oy toplayarak çok iyi yerlere geldiler. Çok iyi yazar, düşünür oldular. Fakat bütün mağduriyetler kadınlara yazıldı. Psikolojik olarak bunalıma giren, akli dengelerini kaybeden, kanser olan arkadaşlarım var. Elimizdeki bütün bu hayal kırıklıklarından sonra bizim kazandığımız ne diye düşündüğümde, hayatın tecrübelerle yaşandığı, bu tecrübelerle bireysel kimliğimizi oluşturduğumuz sonucuna vardım. Kadın, kendi gücüyle karşı karşıya kalmak için bu ihanetleri, bu yalnız bırakılmaları yaşamak zorundaydı.

28 Şubat'ın bütün yükünün kadınlara yüklendiği söylenebilir mi?
Sadece 28 Şubat'ın değil, Tanzimat'tan beri bütün Batılılaşma projesi kendini kadının üzerinden kurguluyordu. Bastıranlar da kadınlar üzerinden bastırıyorlar, müdafaa edenler de sadece kadınlar açısından müdafaa ediyorlar. İslami politikayı dikkate aldığınız zaman, başörtü yasağından başka insan hakları alanında söylenecek fazla bir şey de yok. Şu anda 312. Madde var, Güneydoğu var, o kadar. Başörtülüler daha çok gündemde kalacağa benziyorlar.

Bütün bu süre içinde kadınlar nereden nereye geldi?
Allah rızası için yapılmaya karar verilmiş, soyut ve dinsel içerik kazandırılmış siyasetten daha güncel politika içerisinde ifade edilen daha popüler bir yapıya varıldı. Siyasette yapılan işlerin dini bir yönü olmadığı öğrenildi. Algılamada bir yanılsama vardı. Bunu öğrenmek çok kolay değil, acılarla öğreniliyor.

Öğrendikten sonra ne yapıyorsunuz? Dindar kadının yeni siyaset anlayışı sizce nasıl olmalı?
Ben daha sivil olunması taraftarıyım. Sivil dinamikleri ayağa kaldırıcı, daha yerel siyaseti savunuyorum. Çünkü Türkiye'deki temsili sistemin çok demokratik olmadığını düşünüyorum. Yurttaşların yasaların yapılmasına daha çok katılacağı bir demokrasi istiyorum. Benjamin Barber bunu "güçlü demokrasi" olarak tanımlıyor. Türkiye'deki mevcut siyasi yapı benim tasarladığım kadın siyasetiyle çok örtüşmüyor.

Eskiden Şeriati, Seyyid Kutup filan okunurdu. Onlar şu anda nasıl bir yerde duruyorlar?
Benim nazarımda çok parlak yerdeler, çünkü çoğu şehit. İnandık-

ları gibi yaşadılar. Ben kendi yerimi onlarla, global esinti içerisinde yaprak gibi savrulan gençlerin tam da ortasında görüyorum. Onların devrimci rüzgârı kalbimde sürekli esiyor. Öte yandan çocuklarımla aramda mesafenin açıldığını da görüyorum. Onlarla aramda internet gibi bir mesele var; onlarla birlikte Pokemon sinemalarına gitmek, futbol kulüplerini takip etmek, onları tatile götürmek, kredi kartlarıyla yaşamak zorundayım. İlk gençlik dönemimdeki İslami meseleler, kavramlar başkaydı: Müstekbir, münafık, mümin kimdir, diye soruyorduk. Ama çocuklarım bunları sormuyor. Kapitalizmle bir savaş vermek zorundayım.

Ona uyarak mı?
Uyup gitmek istemiyorum. Diz çökmek, ona amade olmak istemiyorum.

Bu tüketim kalıpları dindar olsun, dinsiz olsun...
Eraslan: Solcu olsun, sağcı olsun hepimizi eziyor. Çok feci bir şekilde eziyor. Bir çıkış yolu bulmak zorundayız. Belki de demokrasi o ezilmemeyi sağlamak için gerekli.

Başörtülü olsun ya da olmasın herkes aynı şeyi tüketiyor, diyebilir miyiz?
Evet, aynı şeyi yiyip içip giydikten sonra yaşadığımız hikâyeler de birbirine benzemeye başladı diye düşünüyorum.

Sınıf farklılığı İslami kesimde de ciddi bir gerçeklik değil mi?
Giderek daha da büyük bir sorun oluyor. İnsanlar 1980'li yıllarda tükettiklerini gizliyordu; pahalı tüketim ayıptı, dünyaya ait bir şeydi. Ama şu anda tam tersi, tükettiğiniz şeyler ne kadar iyi ve pahalı olursa o kadar kıymetli oluyorsunuz. Siyaset, sanat, medya buna bağlı. Dünyanın büyük bir panayıra dönüşmesiyle ilgili.

Bu nasıl bir sonuç doğuruyor?
Giderek içime kapanıyorum, daha az dışarı çıkıyorum, eski arkadaşlarımı özlüyorum, onları çok sevmiştim...

ALLAH'IN ERKEĞE VERDİĞİ RUHSAT

YILLAR ÖNCE Emine Şenlikoğlu, "Genç kızlar dikkat, İslam'ın nikâhını suistimal edenler var"[1] diye bir yazı yazmıştı ve ben de bunu olduğu gibi *Ayet ve Slogan*[2] adlı kitabımda yayımlamıştım. Şenlikoğlu bu yazısında, bir jinekolog arkadaşından, kürtajların arttığı bilgisini naklediyordu. Şenlikoğlu'na göre üniversiteli İslamcı erkekler, öğrencilik (ve dolayısıyla yoksulluk ve yoksunluk) yıllarını imam nikâhı kıydıkları okul ya da dava arkadaşlarıyla geçiriyor, mezun olduktan sonraysa aileleri kendilerine "gerçek eş" buluyordu.

Yaklaşık on yıl sonra, ünlü bir İslamcı aydın, İslamcı olmayan bir yayın organına verdiği demeçte, "İslami kesimde kürtajda patlama" olduğunu açıkladı.[3] Diğer bir deyişle, entelektüel iddialı İslamcıların bir tür "mahallenin delisi" muamelesi yaptığı Şenlikoğlu onaylanmış oldu.

Ama Şenlikoğlu, yeni bir uyarı kaleme alacak olsa bu kez genç kızları değil, herhalde "orta yaşlı kadınları" muhatap alırdı. Çünkü imam nikâhı artık genç kızları değil, evli barklı, çocuk-torun sahibi kadınları mağdur ediyor. Çünkü İslami kesim iktidarla ve parayla tanıştı. Bu parayı nereye harcayacaklarını düşünen bazı İslamcı erkekler, yıllarca çilelerini çeken eşlerinin üzerine hiç çekinmeden kuma

1. Emine Özkan Şenlikoğlu, *İslam'da Erkek*, Mektup Yayınları, 1988, İstanbul, s. 121-26.
2. R. Çakır, *Ayet ve Slogan: Türkiye'de İslami Oluşumlar*, Metis, 1990, İstanbul, s. 197-99.
3. Ali Bulaç, *Aktüel* dergisine verdiği röportajda şöyle konuştu: "Bu toplumun en üst grubundaki davranışlar ile en alt grubundaki davranışlarda mahiyet birliği var. Bu nedenle büyük bir ahlaki dejenerasyon yaşanıyor. Etiler'de, Ataköy'de yaşayan insanlarla varoşlarda yaşayanlar ortak bir ahlaki davranış bozukluğu sergiliyor artık... Aile hayatları berbat. Fuhuş neredeyse sivilleşti artık. Müslüman kesimler daha ahlaklı bilinir güya. Oysa o kadar çok sayıda çocuk aldırılıyor ki. Doğum kontrol yöntemleri filan artık çok meşru, kabul edilebilir şeyler haline dönüştü.. Asıl kürtajda büyük bir patlama var. Ama bu görmezden geliniyor." *Aktüel*, 18 Mayıs 2000.

(bazen kumalar) getiriyorlar. Milletvekili, cemaat abisi, belediye başkanı, danışman, işadamı ve aydın bir dizi erkek İslamcı, "Allah'ın kendilerine ruhsat verdiği"ni söyleyerek genç kızlarla nikâh kıyıyorlar.[4] Elif H. Toros şöyle anlatıyor:

"Çokeşliliğin bir 'hak' olmadığı tamamen gözardı edildi. Kimi kadınlar ikinci eşi bir nefis terbiyesi olarak gördüklerini söylediler. Kimileri erkeğin 'hak'kına karşı çıkmanın Kuran'a karşı çıkmak olacağını düşünüp yazgılarına boyun eğdiler. Kimileri hasta olup yatağa düştüler. Veya 'o kadın'la mücadele etme yoluna gittiler. Kocasının yeniden evlendiğini çok sonradan öğrenen kadınlar kadar, hâlâ bilmeyen kadınların sayısı da herhalde hiç az değil."[5]

1997 yılı, 28 Şubat sürecinin başlangıcı olduğu için Türkiye İslami hareketi için bir milat. Ama bu yılın bir başka özelliği daha olduğu ortaya çıkıyor. Emine Şenlikoğlu'nun *Kadınları Kadınlar da Eziyor* kitabını değerlendirmeye Fatma Karabıyık Barbarosoğlu aynen şu cümleyle başlıyor: "Romanın yayımlanış tarihi 1997. Yani İslami kesimde ikinci eşin yoğun olarak konuşulmaya başlandığı yıl..."[6]

Çokeşliliği, kadınların "kendi aralarında en çok konuşup dışa karşı en çok sustukları" konu olarak niteleyen Elif H. Toros şöyle devam ediyor:

"Üniversite mezunu, meslek sahibi kadınları bir erkeğin ikinci karısı olmaya iten sebepler ne olabilir? Seksenli yıllarla beraber kolay yoldan para kazanma ve köşeyi dönme arzusu toplumun her kesiminde bir biçimde karşılığını bulduğuna göre, üniversite mezunu bir genç kızın neden böyle bir ilişkiye girdiğini anlamada toplum olarak geçirdiğimiz büyük dönüşümün günlük hayatımızdaki yansımalarını gözden geçirmek gerekir diye düşünüyorum. Bu hayatta artık genç kızlık düşlerindeki 'beyaz atlı prensler' yok. Onun yerine ikame edilen imge biraz daha yaşlı, evli, çocuklu, ama size daha iyi bir hayat vaat eden, sizi metres değil 'karı'sı kılacağını söyleyen, toyluktan ve yoksulluk-

---

4. "İslamcılık dalgası içinde ön plana çıkan kimi erkekler bile, başörtüsü örtmeyen kızlarla evlenmeyi tercih etmeye başladılar. Derken, ara dönemlere özgü ara davranış biçimleri, beşyıldızlı otel tartışmalarıyla birlikte İslamcı gündemi işgal etti; kırk yaş sendromları, gizli imam nikâhları, çöküş devri psikozları." Cihan Aktaş, "Bacıdan Bayana", *Birikim*, sayı 137, Eylül 2000, s. 44.

5. Elif H. Toros, "Hayat, Hikâyeler ve Suskunluğa Dair", *Osmanlı'dan...* içinde, s. 203.

6. Nazife Şişman, *Kamusal Alanda Başörtülüler, F. K. Barbarosoğlu ile Söyleşi*, İz Yayıncılık, İstanbul, 2000, s. 64.

tan fersah fersah uzaklaşmış, 'sevme yeteneği' oranında alım gücü de yüksek, orta yaş sendromlu kır saçlı adamlar."[7]

Tersine Hidayet Romanları

İslami kesim uzun bir süre zengin ve şımarık kızların, yoksul ama gururlu İslamcı gençlere aşık olup örtünmesini anlatan "hidayet romanları" ile "galibiyet" duygusunu tatmin ediyordu. Şimdiyse "mağlubiyet itirafları" revaçta. Bunların en popülerlerinden biri Ahmet Kekeç'in üç baskı yapan, *Yağmurdan Sonra*[8] adlı romanı. 28 Şubat fonunda geçen romanın kahramanı, tam da Cihan Aktaş ve Elif Toros'un betimlediği gibi 40 yaşındaki Murat. Evli, çocuksuz. Yayıncılık yapmış, hakkında dava açılmış. Şimdi kırtasiyecilik yapıyor. İslamcı, ama pek namaz kılmıyor. Evinde sıkılıyor. Eşi Rana'dan sıkılıyor. İşinde sıkılıyor. Aktüalite kendisini sıktığı için dünyayla da pek ilgilenmiyor. İlgisini ve aşkını üvey kızkardeşi Hülya ve 68'li profesör bir babanın kısa saçlı, şizofreni tedavisi görmüş kızı Müge'de yoğunlaştırıyor. İkisine de ulaşamıyor ve 312. maddeden hapse giriyor.[9]

Buna karşılık Emine Şenlikoğlu'nun *Kadınları Kadınlar da Eziyor* romanıysa şaşırtıcı bir biçimde şu satırlarla başlıyor:

"– Meziyet dur! Dur atma kendini. İntihar etmek günahtır, yapma!..

Uçurumun kenarından kendisini atmak üzere olan Meziyet gözyaşları içinde arkadaşı Habibe'ye döndü:

– Bırak beni Habibe, bırak. Artık yaşamak istemiyorum. Ben evli bir kadın olduğum halde bir erkeğe âşık oldum. Ben bunu tartamam. İzzetim lekelendi, şerefim sarsıldı."[10]

Aslında Meziyet rüya görmektedir. Romanın ilerki sayfalarında, bir kadın sığınma evinde çalışan Meziyet kocası Ali'nin kendisini al-

---

7. Elif H. Toros, "Hayat, Hikâyeler ve Suskunluğa Dair", s. 204.
8. Ahmet Kekeç, *Yağmurdan Sonra*, Şehir Yayınları, 1999, İstanbul.
9. Bütün çaresizliği ve zavallılığına rağmen yine erkeği esas kahraman yapan, kadınlara onun üzerinden roller biçen bu romanda, Murat hapse giriyor, ama ortadaki yağmurdan en çok kadınların ıslandığı ortada. Belki de yalnızca kadınlar ıslanıyor. Çünkü şemsiyeler hep erkeklerin elinde.
10. Emine Şenlikoğlu, *Kadınları Kadınlar da Eziyor*, Mektup Yayınları, 1997, İstanbul, s. 9.

dattığını öğrenip evi terk eder. Bu arada rüyası gerçek olur ve kocasının asker arkadaşı –yine evli olan– Malik'e âşık olur, fakat bunu itiraf edemez. Bu arada Malik'in de gayretleriyle Ali, Meziyet'ten özür diler ve barışırlar. Meziyet, bütün sırlarını yazmış olduğu günlüğünü yakar ve şu şiiri mırıldanır:

"Derince iki mezar kazdım şu an manada
Birinde sen varsın, birisinde eski ben,
Örttüm mezarımızı ve mıhladım taşlarla
Ne sen çıkabilirsin ordan, ne de eski ben!"

"Ben romanı çok çabuk yazarım, ama onun üzerinde yılllarca tespit yaparım. Benim mesaj kaygım vardır. Olmaması lazım diyorlar. O zaman ben yazmam roman," diyen Emine Şenlikoğlu'na Meziyet'i soruyoruz. "Biz Meziyet'le çok uğraştık. Psikoloğa bile götürdük ve Allah'a çok şükür kurtardık kadını," cevabını verdi. Şenlikoğlu ile röportajımız şöyle devam etti:

Son dönemlerde ortalıkta pek görünmüyorsunuz...
EMİNE ŞENLİKOĞLU: Öncelikle televizyonda bazıları tarafından kullanıldığımı fark ettim. İstediğim şeyleri bana söyletmediler, kendi istediklerini söyletmeye çalıştılar. İkinci olarak, halk önünde dini tartışma yapmanın uygun olmadığını, İslam kültüründe tavsiye edilmediğini öğrendim. Bu yüzden tartışma programlarına çıkmıyorum.

Çağırıyorlar da mı çıkmıyorsunuz?
Davet edenler oluyor. Çıkabileceğim kişiler galiba çok azar işittiler aşırı laiklerden, çağırmıyorlar. Zaten itiraf da etmişlerdi. Örneğin Mehmet Ali Birand, benim için "onu çıkarttığım için çok eleştiri aldım," demişti. Herhalde bazıları korkuyor. Öyle insanlar çağırıyor ki, dünyayı verseler gitmem, ölümüne gitmem. Çünkü müslümanı çok aşağılayan kişiler. Bir insan dinsiz olabilir. Bir dinsizin programına çıkabilirim, benim aleyhime konuşanın da, ama beni aşağılayanın asla.

İslami kesimden bazıları da sizin ekranlarda görünmenizden rahatsız oluyordu.
Evet, maalesef öyle enteresan bir dönem yaşadım. Ben inandığı gibi yaşayan biriyim. Taviz vermem, ama hatalarımı da çok çabuk düzeltirim. Görüşlerimi, tavırlarımı, üslubumu gözden geçiririm. Eleştirilere önem vermek lazım, durup dururken olmaz. Bazılarını haklı

Emine Şenlikoğlu

buldum ve bunları düzelttim. Bazı eleştirilerin de çok kısır olduğunu gördüm.

Çarşaf giymeniz bazı İslamcıları da rahatsız ediyor, yeterince modern bulmuyorlar.

Bunu İslami kesimden söyleyen kardeşlerimiz şüphesiz iyiniyetliler, yalnız onlar aşırı putçuların ruhunu tanımıyorlar. Onları çok iyi tanısaydılar, böyle konuşmazlardı. Beni çarşafımdan dolayı istemeyen mesela bir aşırı laik, ötekilerini başörtülü diye istemeliydi, değil mi? Hayır. Onların kastı başörtüsü veya çarşaf değil, bizim inancımız. Bizim hür olmamızı istemiyorlar. Bu yüzden biz mahkûmları oynamıyoruz, Türkiye'de mahkûm yaşıyoruz. Şimdi özel dersanelere bile başörtüsü yasağı getirildi. Bu ABD'de zencilere otobüs yasağına benzer sonuçlara yol açabilir.

Bir zamanlar çarşaf mı, değil mi? Rengi ne olsun tartışmaları vardı.

Vardı. Şu an o tartışmalar sürmüyor, ama devreye başkaları giriyor. Bilginin olmadığı yerde fikir çatışması çok olur. Benim de dini temelinden değil, beşinci-onuncu kaynaklarından öğrendiğim, içine hurafelerin de karıştığı dönemim olmuştur. Herkeste eksiklikler var. Ama bir insan ahireti Allah'ın mülkü olarak düşünürse, cennetin geniş olduğunu düşünürse "Neden çarşafın siyah değil? Neden benim tarikatımda değilsin?" kavgası yapmaz. Ufuklar dar olunca kişi çok saldırgan olabiliyor ve kendi gibi düşünmeyen herkesi ayağı kaymış ya da münafık olarak görüyor.

Ben on beş yıldır İslami kesimi izlemeye çalışıyorum. Çok büyük dönüşümler yaşandı diye düşünüyorum. Siz nasıl bir bilanço çıkarıyorsunuz?

Çok doğru. Ben de son yirmi yıla baktığımda çok şaşırıyorum. Neden? Dinde olmayan bazı şeyleri Allah istiyor diye çıkarmışız; bazen büyütmeye gerek olmayacak konularda tartışmışız; bir de asıl önemli konuları önemsiz gibi görmüş, tali olana eğilmişiz. Örneğin ben gençlik yıllarımda "her şeyin tek sorumlusu düzendir" sanırdım. Düzen haksızlık yapmasa birçok meseleler düzelecek sanırdım. Ama içine girdikçe gördüm ki, İslami ilimi İslam'ın temel kaynaklarından almadığımız için ana konuya layıkıyla parmak basamamışız. Nedir bu ana konu? Kalpler bir Bilal-i Habeşi kalbine çevrilmeliydi. İman güçlü olursa insan mücadelesini verebilir, birçok şeye tahammül edebilir. Ama iman güçlü olmazsa çok çabuk yıkılırsınız.

Düzenle çok uğraşırken imanı ihmal ettik mi demek istiyorsunuz?

Düzenle çok uğraştık değil. Çok uğraşmadık, bilinçsizce uğraştık. Düzen bize kan ağlatıyor. Türkiye'de hayatı burnumuzdan getiriyor. Düzen affedilmez, affedilmemeli. Ama her şey düzen değildir.

Düzen ağlatıyor diyorsunuz ama kadınlardan başka pek ağlayan görünmüyor.

Ben kadın-erkek ayrımı yapmıyorum. Çünkü kadınlar kadar erkeklerin, erkekler kadar kadınların da doğruyu anlamaya ihtiyacı var. Bir de imanın dişisi, erkeği olmaz. Ben mutfak ya da elişi öğreten bir dergi çıkarmıyorum. Fikir alanında kadın-erkek ayrımı yapmıyorum.

Mağduriyet anlamında esas kadınlar ağlamadı mı?

Evet, bazılarının söylediği gibi gerçekten ataerkil bir düzen var. Aynı inançta olan kızla erkekten erkeği okutup kızın okumasına izin

ALLAH'IN ERKEĞE VERDİĞİ RUHSAT

vermiyor. Gerici, yobaz, çağdışı bir sistemle karşı karşıyayız. Bir de devlet birkaç çılgının kiniyle hareket ettiriliyor. O yüzden başörtüsüne taktılar. Çoğu başını açıp okula gidiyor. Hadi bakalım şimdi ne yapacaklar? Bilmiyorum. Ama sonuçta hiç hoş olmayan, korkunç bir noktaya varıldı. Herkes kin dolu hale gelmeye başladı. Üç-dört yıldır kimi görsem "Niye ayaklanmıyoruz, niye bir şey yapmıyoruz, ne yapacaksak yapalım" diyor. 20 yıl önce bunlar yoktu. 20 yıl önce sloganlarla deşarj olunuyordu, ama "öleceksek ölelim" denmezdi.

Başörtüsü meselesinde İslamcı erkeklerin, bu davaya gerçekten sahip çıktıklarına inanıyor musunuz?
Temenni olarak evet, fiili olarak hayır. Sinirlenip, küfredip –küfretmek ibadet değildir– kızanlar olsa da gereken yapılmadı. Gereken yapılmadıkça hiçbir eylemin, protestonun değeri yoktur. Bir defa, ülke çapında insanımız neyin gerektiğini bilmiyor. Bilse bu kadar köle kalmazdı.

Sizin bir yazınızı on yıl önce kitabıma almıştım: "Genç kızlar dikkat, İslamın nikâhını suistimal edenler var." Şimdiyse daha çok evli kadınların kocalarına dikkat etmesini istiyorsunuz galiba.
Öyle değil. O söylemimde değişen bir şey yok. Gene nikâh suistimal ediliyor. Tabii kadının, kızın aptalından faydalanıyorlar. Aldatan da aptaldır aslında, çünkü kendisini de aldatır. Her iki taraf için de insan onurunun kaybı geçerli burada. *Kadınları Kadınlar da Eziyor* romanımda "kadınlar, kocalarınıza dikkat" demiyorum. Diyorum ki, her alanda kadınlar kadınları eziyor. Sizin ilk düşmanınız, erkek olduğunuz için, kadın olmaz. İlk etapta sizi bir başka erkek kıskanır. Kadını da kadın kıskanır. İlk tepki beylerden gelmez. Önce hanım arkadaşı onu kıskanır ve ezmeye çalışır. Bir de romanımda ısrarla üzerinde durduğum, son zamanlarda çok moda olan evli erkeklere âşık olma modası var. Neymiş efendim, "elimde değil" diyorlar. Bu söz bana çok insanlık dışı geliyor. Başkasına ait bir insana âşık oluyorsunuz ve o kadının elinden onu çalmaya çalışıyorsunuz.

İslami kesimde bu nasıl mümkün oluyor?
Bu her kesimde var.

"İkinci eş" meselesinin çok arttığı söyleniyor?
Hayır sırıtan bir artış yok, bilhassa azalma var. Benim konum za-

ten iki evlilik değil. Adamın kafasında evlilik yok bile, ama kadın ona âşık olduğu için adamı baştan çıkarıyor. Adamın hanımını hiç düşünmüyor. Bunu söylerken İslami kesim filan diye ayrım yapmıyorum.

Ama müslümansa zina oluyor.
Müslüman değilse de zina olur, ama o öyle düşünmez ayrı mesele. Mesela bir haber spikerinin sevgilisiyle konuşmuştum geçmişte. "O evli ama," deyince "Beni ilgilendirmez, onun sorunu," dedi. "Karısına yazık günah değil mi? Bir de sosyal demokratım diyorsunuz," dedim. "O karısının problemi," dedi. Buna benzer şeyler, İslami kesimde dini kılıfa sokarak yapılıyor.

Nasıl yapılıyor?
Mesela "bir erkeğin birden fazla evlenmesi caizdir. Niye ikinci hanımı ben olmayayım?" diyenler olabiliyor. Ama bu eskiye göre azınlıkta. Kültür seviyesi yükseldikçe azalıyor.

Tam da kültür seviyesi yüksek bazı İslamcı yazarların, politikacıların genç kızlarla ikinci evliliklerini yaptıkları söyleniyor.
Şu ana kadar sizin anlattığınız gibi örnekler duymadım. Sadece bazı erkek yazarların çevresinde çok kızın dolaştığını duydum. Bu her kesim için bir problem. Yıllar önce Cüneyt Arkın'ın hanımı televizyonda hanımlara "Ne olur kocamın etrafından çekilin, onu rahat bırakın," demişti. Bu dikkate alınması gereken bir çağrı. Kadınlar neden şöhretli erkeklerin etrafında çok dönme ihtiyacı duyuyorlar? Bir de zengine. Zengin erkeklerin çevresi de kız-kadın dolu. Bu tür kızların-kadınların, izzet savaşı nedir, şahsiyetli bir kadın nasıl olur gibi hususları öğrenme şansı pek olmuyor. Filmlerin de rolü var. O kadar doğal, normal gösteriliyor ki gençler bunlara inanıyor.

Bir zamanlar tüketmek ayıp görülüyordu. Evlere koltuk almak bile tartışılırdı.
Bu tasavvufi anlayıştan geliyordu, yaşadık. Tabii ki az eşya olması daha güzeldir, ama koltuk da haram değildir. Ama koltuğun haram olduğunu zannettiğim yıllarım oldu. Ne zaman haram olmadığını öğrendim, çok şaşırmıştım.

Hâlâ böyle düşünenler var, değil mi?
Var tabii, ama bu yüzden kimse ayıplanamaz. Fakat bu kişiler, ev-

lerinde koltuk olanın haramda yaşadığını düşünüyor ki tehlike de burada.

Kolejler, tatil köyleri...
Tatil köyleri İslam'ın yasak etmediği bir şey, ama bazıları işi çığrından çıkardı. Tatil Peygamber Efendimizin de yaptığı, insanın ihtiyacı olan bir şeydir. Ama tatili dinsizlik panayırına çevirmemek, İslam'a uygun yapmak gerekiyor. Benim böyle bir projem olduğu için bana da laf atanlar oluyor. Ben hem tahsilimizi, hem tatilimizi yapalım istiyordum. Benimki farklı bir şeydi. Kadın-erkek karışık, laubali bir manzara görünüyor şimdi bazı tatil köylerinde. Ama bunlar azınlıkta. İslami kesimin çoğunluğu bu değil, ekranda görünen değil.

Birçok yerde haremlik-selamlık kalmadı.
Bu konuda tam bir şok yaşıyorum. Mesela bir Samanyolu TV'ye, bir Kanal 7'ye akıl erdiremedim. Kahroldum, günlerce ağladım, çok kötü günler yaşadım. Hatta bir örgüt kurup şu Samanyolu ve Kanal 7 yöneticilerini bir güzel dövdürtsem mi dedim. Sonra "ne yapıyorum ben, çıldırıyor muyum?" diye sordum kendime. Bu şok hâlâ sürüyor.

Nedir bu şok?
Bir müslüman, göbeği görünen bir hanımın oynadığı reklamı nasıl alır da yayımlar? Eğer ben televizyonu yürütmeye para yetiştiremiyorsam, o zaman 24 saat değil de 3-5 saat yayın yaparım. Gençlere yönelik tecavüzler çok daha artmış durumda. Gelen mektupların haddi hesabı yok; annelerden neler dinliyorum. Neden? Çünkü çocuklar korkunç filmler seyrediyor. Yakında Batı'ya döneceğiz. Batı'da tecavüz olayları saniyeye indi. Bazıları Türkiye'de cinsel açlık olmasına bağlıyor tecavüzleri. Cinsel tokluk olan yerleri de görüyoruz.

Piyasa gereği mi böyle yapıyorlar?
Şunu anladım: Demek ki aynı sancıyı çekmiyormuşuz. Öyle olsaydı beni bu kadar ağlatan filmleri yayımlamazlardı. Demek ki aynı bakmıyormuşuz, hesaplarımız, inançlarımız aynı değilmiş.

Bir ayrışma mı var?
Tabii ki ayrışma yaşıyoruz. Beni öldürseler öyle bir resim koymam dergime.

Siz mi azınlıktasınız?
Bilemiyorum, galiba biz azınlığız. Çünkü canlı yayınlarda o kadar beklediğim halde ne Kanal 7, ne Samanyolu eleştiriliyor. Birisi "Nedir bu rezalet, sizi protesto ediyorum," diyebilirdi. Mektuplar yağabilir, telefonlar edilebilirdi.

Demek ki insanlar bunu tercih ediyor.
Demek ki.

Örtülü spikerlerin sayısı çok az...
Kompleksleri var. İslam'a göre bir işyerini, televizyonu yürütmeyi kompleks yapanlar var. Bu yüzden açık bayanı çıkartıyor, kapalıyı çıkartmıyor. Ben olsam ikisini de çıkartırdım. Açığı çıkarırım, ama sırtına kadar açığı değil.

Bir nevi "Güzin Abla" yönünüz var, değil mi?
Güzin Ablalığa soyunmadım ama olaylar götürüyor oraya. Mesela bir hanım ağlayarak telefon açıyor. Eşyalarını toplamış, eşini bırakacakmış. Ayrılmaması için bir saat dil döktüm.

Niçin ayrılıyormuş?
Bir kızla çıkıyormuş eşi. Adam, hanımının bildiğini de bilmiyor. Sen bir defa gerekeni yap, ondan sonra ayrıl. Önce bir defa ültimatomu ver. Benim boyumu aşacak kadar soru geliyor. Bu Güzin Ablalığı da aşmış bir durum. İnsanların derdini dökeceği bir yer yok. Başörtülü memurlar, öğretmenler, öğrenciler problemi Türkiye'de asla dışardan göründüğü gibi değil. Altyapı olarak mahvolmuş insanlar var. Onların çocukları devletini "baba" olarak değil, anne-babasını ezen bir kurum olarak görüyor.

Romanınızda sığınma evi olgusu var. Bu ciddi bir sorun değil mi?
Şu müstehcen filmlerle birlikte –illa dindar ailelerde değil, bana her kesimden gelenler var: hıristiyanlar, telefonla görüştüğüm satanistler var– karı-koca arasındaki özel ilişkiler dehşet derecede bozuldu. Çünkü adam televizyonda gördüğü kadını yatağında görmek istiyor. Onu bulamadığındaysa mutsuz olup hanımını rahatsız ediyor. Devlet hâlâ bunu görmüyor, psikologlar buna değinmiyor. Tabii dayak yiyen hanımlar da görmemezlikten gelinemez. Ama hanımlar da dayak atıyor. Kadın zalimse kocasının hıncını çocuğundan alıyor. De-

mek ki kocasının elindeki imkân kendisinde olsa, onu dövebilir. Yani zalimin erkeği-dişisi yok.

Diyanet Vakfı'nın kitabı tartışıldı. Erkek en son aşamada karısını dövebilir mi sizce?
Kadın nüzul yaptığında ne olacağı hadislerde var, ama erkek yaptığında ne olacağı yok. Nüzul yapan kadın da erkek de dövülür. İslam'a göre erkek hanımını, en son aşamada kendi döverken, hanım kocasını polise dövdürtür.

Başörtüsü mağduriyetinin ne gibi boyutları var?
Psikiyatrislere gidenlerin haddi hesabı olmadığı gibi devletin içinde müthiş bir enerji birikiyor. Bu düzen aklını başörtülülere takmış olduğu için hiçbir yerde okuyamayacaklar. Mesela Mısır'da o kadar kız vardı, devlet denkliği kabul etmeyince o kadar kız döndü. İlk dönemde bazı kızlar "İslam'ı tebliğ için okuyoruz" diyorlardı. Sen doğru dürüst bilmiyorsun ki neyi tebliğ edeceksin? Bazı çağdaş yobazlar da birkaç kişinin sözüne bakıp binlerce kızı mahvettiler. Şimdi iç dünyada büyük fırtınalar kopuyor. "ABD'ye mi sığınsak?" diye düşünenler var. İtalya kabul ediyormuş diyorlar. Henüz başörtüsü yüzünden kaçmalar başlamadı, ama hep sığınılacak ülkeler konuşuluyor. Bir devlet kendi vatandaşını bu hale nasıl getirir? Efendim biz İslam devleti kuracakmışız. Bunun cezasını başörtülü kızlar mı çekecek? O genç kızların birçoğu İslam devletinin ne olduğunu bilmiyor bile.

Zenginler kızlarını yurtdışına yolluyor. Ya fakirler?
Onlar da okuyamıyor ya da başını açıyor. Bir işkence bu. "Yunanistan'da Türklere baskı yapılıyor", "Doğu Türkistan'da Türkler perişan" gibi söylemleri Türkiye'nin lügatından çıkarması gerekiyor, çünkü kendisi en büyük baskıyı yapıyor. Başörtü sorunu çok büyük yara açacak, kimse göremiyor bunu.

Bunun dışında kadınlar nelerden yakınıyor?
Türkiyeli müslüman kadınların en büyük şikâyetlerinden birisi düzenin yaptığı, insan fıtratına aykırı işler. Öncelikle müstehcen yayınlar. Bir de müslümanlar "bu ayrılıklar nedir?" diye sormaya başladılar ilk kez. Hurafelerle savaş başladı, çok olumlu bu. Ama bazı konularda da üslup ve tavır yanlışları da yapılmıyor değil. Eksiklikler var. Gerekli tavır alınamadı. Buna biraz da Erbakan sebep oldu. Erba-

kan parmağını kaldırsaydı bu insanlar ayaklanır, kendini gösterir, şikâyetini dile getirir, yani meşru bir eylem yapardı. Bütün liderler "susun, sakın bir şey yapmayın, sakın kımıldamayın," dediler. Bu da adlandıramadığım bir sonuca doğru gidiyor. Ne yapabilirler, diyeceksiniz. Halkın devletinden kopması kadar tehlikeli bir şey yokken, bu uğurda uğraşanlar var. Ben devletine hayran, aşık olsun demiyorum. Ama devleti eleştirmek ayrı, ondan kopmak ayrı. Ben en kötü devleti hiç devletsizlikten daha iyi görürüm. Ayrıca vatan benim vatanım. İnsanların vatanlarında kan ağlaması benim hoşuma gitmez. Zaten biz İslam devleti kurmakla sorumlu da değiliz, biz İslam'a göre inanmakla sorumluyuz.

Demokrasiyi savunuyor musunuz?
Demokrasiye inanmıyorum ki nasıl savunayım?

Son dönemde çok kişi demokrasiyi savunmaya başladı.
Bazıları onların takiyye yaptığını sanıyor ama imanda takiyye yoktur. Onlar "madem ki demokrasi çoğunluğun istediğidir, ben de çoğunluk içinde olsam ne kaybederim," diyorlar. Ama onlar demokrasiye gerçekten çok inanmış durumdalar, ama ben inanmadığım için söyleyemiyorum. İnansaydım söylerdim.

Kadınlar kendi arasında dayanışır sanılırken, siz birbirlerini ezdiklerinden söz ediyorsunuz.
Kadınlar ikiye ayrılıyor: Dayanışma içinde olan çok gayretli hanımlarımız var, ama bu arada belirli çizgisi olmayan hanımlarımız var. Bu her kesim için geçerli.

Kadınlar birbirlerini cinsel nedenlerle mi kıskanıyorlar?
Kıskanmakla kalsalar iyi, ama masa başına kendisi geçmek istediği için diğer kadına zulmedenler var. Güzel bir kadın her yerde mutsuzdur, çünkü kıskananlar tarafından huzursuz edilir.

Çalışan kızlara yönelik tacizler çok oluyor mu?
Eskiden bu konuda şikâyetler daha fazlaydı, son günlerde nedense pek gelmiyor. Ya hanımlar bilinçlendi, ya beylerde bir düzelme oldu ya da bana ulaşmıyor.

Eskiden dergilere kadın resmi konmazdı, banka ilanları alınmazdı?
Resimleri günah diye koymazdık, sonra bazı âlimlerimiz günah olmadığını söyledi. Mesela ben günah diye bütün gençlik resimlerimi yırtmıştım, şimdi elli yaşıma yaklaşırken resim çektiriyorum. Burada fikri bir değişim yok, düzeltme, gelişme var. Benim de fikir yapım fazla değişmedi, ama yanlışlarımı düzeltmeye çalışıyorum. Birkaç senedir açığımı kapatmak için akaid ve fıkıh okumaya başladım. Bu anlamda Kuran'a dönüş yaptım. Bana "bu gece İslam devleti kuruyoruz," deseler ben şahsen istemem. Çünkü mesele meğer İslam devleti değilmiş, anladım. Adam evinde çocuklarına adaletsizse, ufacık nedenle karısını dövüyor ve ona "sen çirkinsin" gibi hakaretlerde bulunuyorsa, o insan İslam devletinde olsa ne yapar? Altındakilere kan kusturacak. Ben İslam devleti olursa herkesin düzeleceğini zannediyordum. Meğer öyle değilmiş, kalpleri, inancı, beyni düzeltmek çok önemli. Ama hem kalbi, hem beyni düzgün bir halk oluşursa Batı hukuku yerine İslam hukukunun gelmesini tabii ki isterim.

Baştaki ütopyalarınızda epey kırılma olmuş galiba?
İçteki yanlışları görmek, insanın ayağını yere basmasını sağlıyor.

1990 ortalarında "geliyoruz" duygusu vardı, değil mi?
O zamanlar tek suçlunun düzen olduğu sanılıyordu. Şimdi böyle olmadığı anlaşıldı. Birçok lider Nuh Mete Yüksel'in yapmadığını yapıyorlar bize. Onlara inanarak bağlanmıştık, onlara güvenmiştik. Bizi rencide ettiler. Bir de baktık ki hiçbir şey yapmadılar, bir şey söylemediler. Sonra düşündük ki bunlar devletin başına gelseler ne olacaktı. Hemen dökülüverdiler. İzzetli bir kalkış, izzetli bir liderlik gösterilmedi bize.

Hepsi erkek...
Tabii ki erkek. Türkiye'de arkasından milyonları sürükleyen lider bir kadın yok. Keşke öyle kişilikli, güçlü bir kadın lider olsa ben şahsen giderim arkasından.

Bir ara Çiller başörtülülere sahip çıktı.
Çiller'in gönlü İslam'dan yana olsaydı birçok şey yapabilirdi. Bazen kaybetmeyi göze almış olsa da, bazı durumlarda da müslümanları kazanmak istiyor.

Kamusal Alanda Kadın *kitabını biliyor musunuz?*
Evet, çok güzel bir kitap.

Burada 1997'nin İslami kesimde ikinci eşin yoğun olarak konuşulduğu yıl olduğu söylenmiş.
Fatma Karabıyık burada neye dayanmış anlamadım. İkinci eş hususu geveze erkekler arasında hep varolan bir şeydir. Bu yeni değil. 1997'yi neden böyle ele almış bilmiyorum, böyle bir olgunun da farkında değilim.

1997, doğru ya da değil, böyle anılıyor. Ama bu yıl esas olarak 28 Şubat sürecinin başlangıcı. Bir milat. Bir taraftan İslami harekete darbe indirilirken erkekler yeni eş derdine mi düşmüş?
Belki o konuda Fatma Karabıyık kardeşimizin gözlemleri vardır. Şunu söyleyebilirim en fazla: Demek ki bazı erkekler İslam'a sloganlar üzerinden bağlıymışlar ki 28 Şubat'ın gelişiyle bu davayı bırakıp kadın davasına düşmüşler. Meşgulken, koştururken fazla kadından kızdan bahsetmezlerken, 28 Şubat onlara bu açıdan kadın-kız bayramı yaptırdıysa, bir şey diyemem. Fatma Hanım gibi gözlemci bir insan, durup dururken böyle bir söz söylemez.

28 Şubat'ın faturası kadınlara çıkarıldı değil mi?
Gerçekten böyle. 28 Şubat'ın kadınlara atmış olduğu bu lekeyi temizlemek de kadınlara düşer. Kim yere düşerse o yerden kalkar. En büyük darbeyi kadınlar yedi.

Erkeklerin kadınları sattığını düşünüyorum. 28 Şubat'ın en önemli olayı Beyaz Yürüyüş'tü. Kızlar İstanbul'dan Ankara'ya yürüdü, ama erkekler pek bir şey yapmadı.
Evet, biraz öyle görünüyor. Sadece örtülü kadınlara darbe indirilmiyor, kadınlara her alanda çok büyük baskı var. Oya Başar-Levent Kırca ikilisinde bile kadının hakkının yendiğini görüyoruz ki onlar kadın haklarından çok söz ederler. Hep Levent Kırca için "binbir surat" denir. Aynı derecede Oya Başar da "binbir surat"lık yapıyor. Neden o yok işin içinde? "Binbir suratlı adamla binbir suratlı kadının programı" denebilirdi, değil mi? En basiti bu.

İbrahim Tatlıses olayını sizin arkadaşlarınız da yakından izliyor mu?

Tabii, hatta bazıları "Derya Tuna, Perihan Savaş'a yaptıklarını çekiyor," diyor. Geçenlerde Canan Ceylan'ın yazısında bile vardı, Tatlıses'in sesinin, bir kadının kıvırtmasına ihtiyacı yok ki diyorlar.

Derya Tuna'nın çekip gitmesi...
Konuşuluyor tabii, kişilikli bir tavır. Ben bazı alanlarda iyi bir gözlemci olduğuma inanıyorum. Türkiye'de yaşanan her şey aklımız erdiğince bizi ilgilendirir. Mesela ekonomi konusundan anlamam, iyi bir gözlemci değilimdir. Ama sosyal konuları tabii ki takip ediyorum. O kadar meşhur ve mükemmel bir sese sahip olduğu söylenen bir insanın programında dansöze ihtiyacı olması sizce mümkün bir şey mi? Yanlış burada başlıyor. İbrahim Tatlıses hayranı aileler, dansöz olduğu için izleyemiyor. Olayın kadın-erkek boyutu da ilgi uyandırıyor tabii. Mesela Reha Muhtar'ın programında konuştu. "O anadır, evinin kadınıdır," dedi. Halbuki kadın kocasından veya sevgilisinden ana olduğu için ilgi görmek istemez, kendi olduğu için ilgi görmek ister. Yani hiçbir kadın kabul etmez bunu. "Sen çocuklarımın anasısın, başımın tacısın..." Hayır. Onun eşi, sevdiği kişi olduğu için onun tarafından önemsenmek ister.

Televizyonlarda kadın-erkek fark etmiyor, sanatçılara türbanlı kızlar sarılıyor, oynuyor. Bu nedir?
Bu aslında her türbanlının aslında türbanlı olmadığını gösteren somut bir belgedir; bundan daha güzel bir belge olamaz. Zavallım, başörtü takması gerektiğine inanmış, ama orada sınırlamış kendini; ordan öteye her şeyi yapabileceğini düşünüyor. Geçen öyle birini gördüm ki dansöz onun yanında şahsiyetlidir. Hem dansöz gibi oynuyor, hem de vücudu açıkta kadını alkışlıyor. Mesela şarkılara tempo tutuyor. Bunlar İslam'ın bütünlüğüne inanmıyor aslında, bir kısmına inanıyor. Halkın içinde bu tipler çok vardır. Bunlar, İslam'ın tezgâhından tam olarak geçmiş kişiler değildir. Zavallı, temiz, ama bilinçsiz. Türbanlılar içindeki saygın türbanlıların sayısı göründüğü kadar çok değildir aslında. Beş milyon kapalı varsa, yarısından çoğu bilinçli gibi görünüyor, ama değil, yarısından azı bilinçli.

İSLAMCI KADIN:
İKİ KERE HÜKMEN MAĞLUP

KİTABI bitiren bu bölüme Cihan Aktaş'la yaptığım söyleşiyle başlamak istiyorum. Okuyucunun dikkatini, yaklaşık yirmi yıldır İslami hareket içinde yer alan ve hep kadınlar üzerine yazan Aktaş'ın gözlem ve tespitlerindeki güçlü özeleştiri boyutuna çekmek isterim.

Siz İslami camiada kadın üzerine yazan ilk kadınlardan birisiniz. Böyle bir ihtiyaç nereden doğdu?

CİHAN AKTAŞ: Bu bir süreç işi; kısaca açıklamak pek kolay değil. Kişisel süreçlerden, sosyal süreçlerden ve tabii bunların çakıştığı alanlardan söz etmemiz gerekiyor. Benim ilk gençliğim 1970'li yıllarda geçti. Çok zorlu, çatışmalarla, karşıtlıklarla dolu bir dönemdi. Kimlik arayışları dönemiydi. Yatılı okul öğrencisiydim ve köken olarak Anadolulu, Doğulu olmak, ayrıca dini değerlere sahip çıkmak, mesela Allah'a inanmak ve mesela yemek duasının içeriği, hatta beğendiğiniz renkler, şarkılar, şarkıcılar, filmler bile, yatılı okul ortamında zorunlu bir şekilde bir safta bulunmayı gerektiriyordu. Allah'a inandığım için, Solcuların arasında olamayacağıma göre, kendimi ülkücü sayıyordum, ama içten içe bununla yetinemeyeceğimi de biliyordum. Anti-emperyalisttim, büyük bir medeniyetin varisi sayıyordum kendimi; dolayısıyla tarihimin ve yerli saydığım değerlerin, emperyalizmin uşakları veya kandırılmış, beyni yıkanmış insanlar saydığım Solcular tarafından küçük görülmesini kabullenemiyordum. İşin aslında emperyalizm, yerlilik ve benzeri kavramların pek de derinlemesine konuşulmadığı, duygu ve düşüncelerin edebiyat ve sanatla değil, öfkeli bir siyasal dille ifade edilebildiği bir dönemdi. Doğrusu kimliğime ilişkin soru beni çok zorlamıştır. Babam orucunu tutan, bazan namazını kılan bir solcuydu ve ezilenlerin yanında olmayı en büyük erdem olarak görürdü. Köy Enstitüsü mezunuydu, Türkiye Öğretmenler Sendikası (TÖS) Refahiye başkanıydı. Akşamları evimizde Çetin Altan makaleleri okunur ve Türkiye'nin bozuk düzeni üzerine konuşmalar yapılırdı. Ama ben Trabzon, Beşikdüzü'nde, onbir yaşında, gittiğim yatılı okulda Allah'a küfreden solculara katılamayacağım, Batı karşısında kendimi daha aşağı ve yenik düşmüş bir konumda görmeyi kabullenemeyeceğim, çarşaflı kadınlara "kara fatmalar" denilmesini kabullenemeyeceğim, İstiklal Marşı yerine "Enternasyonal"i benimseyemeyeceğim için de ülkücü olmuştum işte! O zamanki atmosferin doğal olarak daha çok duygusal olduğunu, tavırlarımızın heyecanlarımızla şekillendiğini düşünüyorum. Bilgiden ziyade duygular hâkimdi. Marşlar, şiirler, sloganlar, Arif Nihat Asya, Atsız, Töre Dergisi, Emine Işınsu, Necip Fazıl, Sakarya Şiiri, Fetih Marşı... Tabii, "Tanrı Dağı kadar Türk, Hira Dağı kadar müslüman"dım, ama madem ki müslümandım, iyi bir müslüman olmalıydım. Müslüman bir Türk kızı olarak bugün Batı karşısında bulunduğumuz konumun, İslamiyet'i doğru dürüst anlamamaktan ve yaşamamaktan kaynaklandığını düşünüyordum. İstanbul'da üniversitede okurken hem Ülkücü Gençlik Derneği'ne gidiyor, hem de solcularla arkadaşlık ediyordum. Bir taraftan da iyi bir müslüman olmaya çalışıyordum, inandığını yaşamaya çalışan bir müslüman. Bu benim için çok önemliydi; yani insanın inandığı gibi yaşaması... İran Devrimi, Afganistan'ın işgali, Cat Stevens'ın müslüman olması, 12 Eylül, ezilenlerin çığlıkları, mustazafların müstekbirler karşısındaki zaferini müjdeleyen ayetler, kadının erkeğin değil de Allah'ın kulu olduğu ve ontolojik olarak erkekten aşağı olmadığı... Kadın olarak kendini belirli bir yere oturtmak için özel bir çalışma içine girmek zorunda kalıyordunuz, çünkü hiçbir şey hazır değildi. Kişisel arayışlarım ve kimi zaman raslantılarla elde ettiğim İslami yerilerle toplumdaki İslami algılar birbirleriyle uyuşmuyordu, müslümanların müslüman kadın algıları ve müslüman kadın kimliğini karalayanların görüşleri tezat teşkil ediyordu. Bir de dayatmalar vardı. İyi müslüman olacaksan, şunlara şunlara sorgusuz sualsiz itaat etmelisin. Modern olmak için şöyle yaşamalı, şöyle görünmelisin... Mimarlık öğrenimimim yanı sıra İslamiyet'i öğrenmeye çalışıyordum. Gazetelerde, dergilerde kendi sorularımı tartıştığım yazılar yazıyordum. Tabii ki müslüman olarak İslami dünya görüşünü benimsiyordum, ama modern eğitim görmüş ve modernliği bazı bakımlar-

Cihan Aktaş

dan içselleştirmiş bir genç kız olarak, "İslam'da kadın" kitaplarının sunduğu bilgilerle hayat arasındaki boşluk üzerine düşünüyordum.

O dönemde kadın konusu tabu gibiydi.

Öyle sayılabilir. Mesela şu son yıllarda bile bazı gazetelerde kadının tesettürlü olarak sokakta yürürken bile bir fitne kaynağı olduğunu yazanlar oldu. Görünmemelisiniz, sesiniz duyulmamalı, gülmemelisiniz, soru sormamalısınız. Gelenekte bu mesela kayınpederinin karşısında ayakta, ağzı kapalı, hiç konuşmadan el pençe divan duran kadınlar olarak karşımıza çıkıyordu, yakın tarihlere kadar. Ben, bana yanlış gelen birçok konuyu, bilgisizliğimle açıklıyordum, ama İslam'ın kadını erkekten aşağı gördüğünü kabullenemiyordum. Geleneksel bir dini eğitim almamıştım. Bu nedenle İslam'a ilişkin araştırmalarımı çok yönlü bir sorgulamayla sürdürüyordum. Yani hem dışa, hem içe yönelik sürekli bir eleştirel çaba... "İslam'da kadın"ın hiç de söylendiği, kabullenildiği gibi olmadığını kanıtlamak için tefsirler, tarihler okumalıydım. Bu aşamada karşınıza bir sürü çelişki çıkıyor; ayetlerle, Peygamberimizin hayatıyla, sünnetiyle çelişen hükümlerle sıkıştırılıyorsunuz. Ayrıca hayatın gerçekleriyle, zaruretleriyle çatışan bu hükümler, "Yoksa ben iyi bir müslüman değil miyim?" diye sormanıza yol açabiliyordu. Kendinizi eğip büküyorsunuz, olmuyor. Kuşak olarak yaşadığımız bu sıkıştırılma hissi, İslami bilgilenme ve bilinçlenme, eğitim ve öğretim alanında toplum olarak yaşadığımız sosyal ve kültürel kopukluklardan, bu kopuklukların yol açtığı kültürel şoklardan kaynaklanıyor.

1980 ortalarında kadın olarak yazanların sayısı çok azdı; bunların içinde kadın konusu üzerine yazanların sayısıysa daha da azdı. Erkekler tarafından kuşkuyla karşılanıyordu...
Hem o vardı, hem de kadın olarak, isminle yazdığın zaman bile günah işlediğin şeklinde bir tür hassasiyet söz konusuydu. Benim için önemli olan dış tepkilerden çok, hayatın hakikatiyle, anlamıyla ilgili, ölümle ve ahiretle ilgili, ilkelerle hayat, dinle hayat, müslüman kadınla hayat arasında oluşturulmuş boşluklar bağlamında birtakım soruları düzenli olarak cevaplandırabileceğim bir açılma alanı oluşturmaktı. Aslında "İslam'da kadın" bağlamında yeni açıklamalara ve tartışmalara ihtiyaç duyan, bunu zorunlu hale getiren bir toplumsal dalgalanma vardı. Yazdığım yayınlarda, örneğin *Yeni Devir*'de, okuyucularım beni çok iyi karşıladı; okuyucu mektupları, okur-yazar çevrelerden aldığım destek, mesleğim olan mimarlığı bırakarak yazıya ağırlık vermemde etkili oldu. Ama ele aldığım konuları ortaya koyma tarzım nedeniyle, bazıları da, "Bu yazıları bir kadın yazamaz zaten," diyerek Cihan'ın erkek ismi olduğunu sandılar. Bununla birlikte çok samimi bir çalışma içinde olduğum ve aynı zamanda İslamiyete samimiyetle bağlılığım sezildiği için olsa gerek ki fazla tepki almadım. Gerçi bir tür sessizlik kimi durumlarda daha ağır bir tepki olarak alınabilir. Bu, kurulu yapıların, yeni söylemler, sorgulamalar karşısındaki olağan sessizliği belki...

Kadın üzerine peş peşe kitaplarınız çıktı. Bunlar yalnızca kişisel arayışın ürünü müydüler, yoksa birtakım talepler de var mıydı?
1980'de *Yeni Devir*'de yazmaya başladım. İki taraflı bir eleştiri geliştiriyordum. Bir yanda sistemin, hâkim ideolojinin oluşturmaya çalıştığı bir kadın modeli vardı ve tüm kadınlara, bir tür kurtuluş için bu modelin veya şablonun içine yerleşmeleri, neredeyse kesin ve "kutsayıcı", aynı zamanda da alternatifleri, öteki modelleri suçlayan ve yargılayan bir dille emrediliyordu. Diğer tarafta kitaplarda ve vaazlarda

İslam'da kadının olması gerektiği iddia edilen bir kadın tipi vardı. Her ikisi de bana yabancı geliyordu ve bence eleştiriyi hakediyorlardı. Beni esas rahatsız eden kendi sesinden yoksunluk, tekseslilik, özgünlükten yoksun ve aktarmacı modellerle dayatmacılıktı. Hem geleneksel, hem de modern ve çağdaş görüntülerin arkasına gizlenen köle ve cariye ruhunu sorguluyordum. Daha ilk yazılarımdan itibaren, kendi ayakları üzerinde durabilen, Allah karşısında "kutsal emaneti", yani bilinçli olabilmeyi üstlenmiş, birey olabilen kadını savundum, tartıştım ve işledim.

Bir kitabınız için başörtülü kızlar arasında bir anket yapmış, ama umduğunuz kadar yanıt alamamıştınız.
O kitabı daha sonraki yıllarda hazırladım. 1987'de başörtülü öğrencilerin toplumsal kökeni üzerine, anketlere dayanan bir inceleme yapmaya başladım. Amacım, bazı sosyologların başörtülü öğrenciyi bir kentleşme problemi gibi göstermesine karşı, İslamcılığın bir kentleşme ve uyum problemi olmaktan öte, varoluşsal, hidayetle ilgili bir anlamı olduğunu ortaya koyacak veriler hazırlamaktı. Sanıyorum, başörtülü öğrencilerin kendilerini yazıyla ifade etmelerindeki cesaretsizliklerinden dolayı az cevap gelmişti, ama yine de bir fikir edinmeye yetecek kadar katılım vardı. O dönemde daha çok sessiz, anonim bir kimlik hâkimdi, tek tek kendini ifade etmek insanlara yanlış ve hatalı olma tehlikesini içerdiği için de zor geliyordu.

Birikim'deki yazınızda İslami hareketi kadınların sırtladığını, en ağır bedeli onların ödediğini söylüyorsunuz. Ama dönüp bakıldığında yazan, öne çıkan kadın sayısı çok fazla değil. Başörtüsü hareketinden çok sayıda yeni aydının çıkacağını tahmin ediyordum, olmadı. Yoksa çıktılar da biz mi göremiyoruz? Yıllar önce yazanların dışında birkaç yeni isim var. Hatta yıllar önce yazanların bazıları da geri çekilmiş durumda.
Evet öyle bir sessizlik var. Kendini ifade ihtiyacı var ve yazının bunun için bir araç olarak kullanılmasında, dediğiniz gibi bir sınırlılık söz konusu. Ancak bu sınırlılık Türkiye'de sadece İslami kesime has değil. Biliyorsunuz, sosyal demokrat partiler her zaman kotalar koyarak kadınların siyasetteki oranını yükseltmeye çalışırlar. Mecliste kadın milletvekili sayısı yüzde kaç acaba? Türkiye'nin genel görünüşü böyle. Ayrıca İslami kesimde kadınların geleneksel olarak kendilerini ifade etmeleri, yazı yoluyla kamusal alana katılmaları önünde iki tür

engel var. Birincisi, edebi kamu böyle bir şeye hazır değil, diğer taraftan "acaba yazıyla nereye kadar kendimizi üretebiliriz, nereye kadar kendimizi ifade edebiliriz," soruları, tereddütlere yol açıyor. Çok büyük bir fedakârlık söz konusu ve maddi-manevi karşılıkları yok. İkinci engel ise İslam'ı daha iyi yaşama, ameli (praksis) olarak daha iyi bir müslüman olma kaygısıyla ilgili. Hayatı daha iyi, yani daha sorumlu bir müslüman olarak yaşama kaygısında eyleme dönük etkinlikler yüceltilirken, –özellikle son yirmi yılda ağırlıklı olarak izlenebileceği gibi– bir eylem olarak görülmeyebilen yazı ve sanatsal etkinlikler ikinci plana düşürülmektedir. Oysa estetik hayatın doğru bir şekilde anlaşılması ve yaşanması bir yetkinliği, olgunlaşmayı temsil eder. Rad suresinin 17. ayet-i kerimesinde geçtiği gibi: Köpük dağılır gider, halka fayda verecek şeyse ycrinde kalır.

Bu olumsuzluklara rağmen yine de kitaplar yazılmadı değil; çok yazıldı da, basılmıyor veya yeteri kadar duyulmuyor. Hatta 1990'larda İslami kesimde kadın yazarların hikâye gibi türlerde eserler vermeleri dikkat çekiciydi bence. Hâkim medya bu kadın yazarlara çok fazla yer vermiyor, edebiyat konusunda zaten tek yanlı bir sunum var. İslami kesim diğer kesimlerde olup bitenleri yakından takip ediyor, ama söylemsel olarak hâkim durumdaki edebiyat çevreleri İslami kesimde yayımlanan eserlere ilgisiz. Görmeyince, sözünü etmeyince, yokmuş, yok olabilirmiş gibi bir tutum takınılıyor sanki.

İslami kesimde de başörtülü yazarların eserlerine karşı farklı bir sessizlik var gerçi. Medyada sanki başörtü sorununun neredeyse yirmi yıldır gündemin birinci maddesi olmasının yarattığı bir yorgunluk var. "Yine mi başörtüsü" denilmesin diye belki de başörtülü yazar görülmüyor veya gözardı ediliyor. Ayrıca, "başörtülü yazar" yazsa yazsa başörtüsünü yazar, diye düşünenler de vardır, başörtüsünü yazmak bir kusur olmayacağı halde. Belki başörtülü yazarın başörtüsünü yazsa bile aslında kafa karıştırıcı şeyler yazmasından duyulan ikiyanlı bir rahatsızlıktan da söz edilebilir. Tutucular her zaman kadın yazarı ev ve mutfak köşeleriyle sınırlandırmak istemişlerdir. Jakoben "laikler" ise başörtülü kadının, kendi tariflerini yalanlayan ve denetimlerini aşan zihinsel faaliyetlerinden tedirginlik duyuyor gibiler. Tabii başörtüsüne kilitlenme herkesi rahatsız ediyor, ama bu kilitlenmede kimse mesuliyet üstlenmiyor. Yasaklar olmasaydı, herkes her şeyi daha net olarak görecekti. Yasaklar yüzünden başörtüsü gereğinden çok büyük bir yer tuttu ve de kadınlar açısından çok engelleyici oldu. Gördükleri eğitime rağmen, modaya, hâkim Amerikan kültürünün beden imgelerinin bunca yaygınlığına rağmen tesettürü seçme gücüne sahip olmuş kadınlar, yasaklardan üreticilikleri, sanatsal açılımları, genel olarak kamusal alanda varoluşları, dolayısıyla da özel alandaki duruşlarını netleştirme, hatta kendi özel alanlarını yeniden yapılandırma kapasitesi bakımından zarar gördüler. Fakat aslında bütün kadınlar, dolayısıyla bütün toplum paylaşıyor bu zararı. Bir güç gösterisi yürütülüyor sanki. Kendisini aşağılayan Batılıya yapamadığını kendi zayıfına yapıyor. Ecevit, Merve Kavakçı'yı Meclis'te gördüğünde, sosyal demokrat milletvekillerine "Şu kadına haddini bildirin!" demişti. Neler var bu cümlede? Horgörü, aşağılama, pederşahi dilin ve devletçiliğin buyurganlığı var ama demokrasi, hümanizm, şiir yok.

İslamiyat dergisinde İran kadınları üzerine yazdığınız yazıda da "siyah (çarşaf) yorgunluğu"ndan söz ediyorsunuz...

Bu da başörtüsü yasağının öteki yüzü. Türkiye'de hâlâ başörtüsünün yasaklanmasıyla çağdaş uygarlığa dahil olunacağını düşünenler var. İran'da ise başörtüsü mecburiyetiyle daha dindar bir toplum oluşturulacağını düşünenler var. Bir yanılgının iki yüzü bunlar. Kılık kıyafet yasaklarıyla, kılık-kıyafetteki güdülemelerle ne daha dindar, ne de daha laik bir toplum oluşturulabilir. İki ülkede de bu imkânsızlığı dile getiren kesimler var ve bunlar hep susturuluyor. Sözünü ettiğiniz yazıda "siyah" tabii ki sembolün ifadesi. Siyah yorgunluğu, sloganlarla hayat arasında açılan boşluğu doldurmaya yönelik bir çabanın sonuçlarına göndermede bulunuyor. Sembolün aşırı kullanımının bir yozlaşmaya veya kayıtsızlaşmaya kapı açması her zaman mümkün. İran devriminin başlarında emperyalizme ve Batı modasına karşıtlığın simgesi olarak öne çıkan çarşaf, sonraki yıllarda o kadar vurgulandı ki, hâlâ kadının kamusal alandaki faaliyetlerini görünür kılan bir forma veya milli bir giyim olarak ileri sürülebilirse de, bir yorgunluktan söz edilebilir pekâlâ. Tabii İran'da kadınlar ille de çarşaf giymeye mecbur tutulmuyor ama devlet dairelerinde çalışan bir kadın yükselmek istiyorsa, resmi ağızlarda "en ideal tesettür tarzı" diye nitelendirildiği için, çarşaf giymeden edemez.

"Bacı, kamusal alanda misafirdi," diyorsunuz. Burada ev sahibi olarak hem kamusal alanın "öteki" sahiplerini, hem de İslami kesimin erkeklerini görüyorsunuz galiba...

İslami hareketin, "önemli olan inandığını yaşamaktır, yaşanmayan bilgi gereksiz bir yüktür," diye düşünen, halka hizmeti Hakka hizmet olarak gören ve zamanında "bacı" diye çağrılan kadın tipini ele aldım o yazıda. Bacı, güncel kamusal-özel tartışmalarına yabancı bir profile sahip. Ne var ki içinden kopup geldiği hayat, istemese de anlamadığı bu tartışmaları anlamaya, dilini bilmediği bu tartışmaların içine katılmaya zorluyor onu. Aksama da burada başlıyor. Kamusal alanda maskeler düşüyor, roller tersyüz oluyor. Modern toplumlarda kamusal alan-özel alan ayrımı fazlasıyla muğlak. Zaten her şey o kadar üstten, dayatmacı bir şekilde oluşturuluyor ki kamusal alan çoklu karşılaşmalar alanı olamıyor. Ülkemizde kamusal alan, resmi ideolojinin istediği tipte vatandaşlara açık. Simge kullanımı sadece bir kesim için, kusur. Dolayısıyla bu kamusal alanda başörtüsü bir damga, bir işaret. Erkekler burada daha rahat yer alabildikleri için bir bakıma kadınların vesayet ve vekaletini de üstlenebiliyorlar. Bu da erkekleri daha güçlendirirken kadınları daha fazla zayıflatan bir muamele.

"Ev artık eski ev değil," diyorsunuz...

Öyle diyorum, çünkü, internet teknolojisiyle birlikte belki bunu değiştirici bir dalga kendisini hissettirmeye başlasa bile, evler geçmiş yüzyıllarda olmadığı kadar kısır, kuru ve dar mekânlar haline geldi. Özel alan ile kamusal alandaki değişim sanayi devrimiyle başladı. Eskiden özel alan üretici bir alandı. Kadının özel alandaki varlığı onun üretkenliğini destekleyen bir anlama sahipti. Sonra kadın evden çıktı, fabrikalarda çalışmaya başladı. Ev küçülüp üretim alanı olmaktan çıktı ve dinlenme alanına dönüştü. Evler eski evler değil kesinlikle, ama kadınların, özellikle de müslüman kadınların özel alanla ifadelendirilmesi, onların o kısır, kapalı alana kapatılması anlamına geliyor. Bu aslında herkesi ilgilendiren genel bir problem.

1990 sonrasında İslamcı erkekler daha kolay uyum sağlayabiliyorlar, ama kadınların bu şansı yok.

Erkeklerin kamusal alan tecrübesinde bir sürekliliğin kolaylıkları var tabii... Gerektiğinde evi için işinden ayrılan, fedakârlık gösteren kadındı. Görünürlüğünün yol açtığı problemler son yıllarda bu fedakârlığı daha işlevsel hale getirdi. Kamusal alanda elbette inancını yaşama konusunda erkekler de birtakım zorluklarla karşılaşıyorlar ama ne olursa olsun bu sürekliliğin getirdiği tecrübe nedeniyle daha dayanıklılar ve kamusal alana daha aşinalar.

Herkes için geçerli olan, ama erkeklerin kolaylıkla terk edebildiği, kadınların daha ısrarcı olduğu püriten bir yaşamdan söz ediyorsunuz. Bir yerden sonra, günümüz koşullarında bu tür bir yaşam sürmenin de zor olduğunu belirtiyorsunuz...

Söz konusu olan püriten bir hayatın zorluğu değil de muhayyel, insan tabiatını zorlayan bir din anlayışı... Bu din anlayışının gençliğin saf duyumlarında kazandığı anlam tabii ki çok yüce. Fakat hayatla yüzleşme cesaretini gösterdiğiniz zaman, yanılgılarınızla da yüzleşmeniz gerekiyor. Bu, kişisine göre, olgunlaştırıcı bir tecrübe olabilir. Önemli olan direnmeden değişmek veya değişmeden direnmek değil, değişerek direnmektir.

Hz. Meryem, Hz. Fatıma, Rabia Hazretleri gibi şahsiyetleri kadınlar için model olarak gösteriyorsunuz. Böyle bir modelleştirme erkekler için aynı yoğunlukta yapılmıyor...

Kadınlar modellere sadakat konusunda daha duyarlı görülebilirler. Ancak, modelleştirme erkekler için de var, hatta onlar için fazlasıyla var. Biliyorsunuz ki peygamberler erkektir. Hz. Muhammed, Ali, Ömer, Ebu Zer gibi modeller gelenekte, gündelik hayatta, cesaretin, bilgeliğin, kahramanlığın, adaletin, takvanın, zühdün sembolü olarak her zaman anılırlar.

Başlangıçtaki püriten değerlerden, özellikle erkeklerin büyük bir hızla uzaklaştığı bir ortamda hâlâ bazı kadınların Hz. Meryem gibi masum, Hz. Fatıma gibi alçakgönüllü, Rabia gibi tahammüllü olmaya çalışması haksızlık değil mi?

Kadınlar dünyası bilinçlenme ve gelişmede de, yozlaşma ve gerilemede de erkekler dünyasını izliyor bence. Erkekler bilinçleniyor, sonra bu kadınlara aktarılıyor. Kadınlar erkeklerin dolayımından aktifleşiyor. Bu bir Kurani öngörü değil şüphesiz ama sosyolojik, tarihsel bir gerçeklik, dolayısıyla dikkate alınması gereken bir şey: Kadın düşüncesi erkek düşüncesini izliyor. Erkekler dünyasında bir yozlaşma varsa, bu kadınlar dünyasına da yansıyor. Bu açıdan bakacak olursak, haksız ve yanlış olan, değerlere sadakat değil, yozlaşmaya yatkınlaştıran zaaflara kapıların kolayca açılması olmalıdır. Beni rahatsız eden sadakat değil, hayranlıkların kırılganlığı, bağlılıkların soyutluğu, yani "durumu" yeteri kadar ciddiye alma ve gerektiğince algılamaya çaba göstermeme. Ayrıca modellerle ilgili bir anlayış hatası da var. Bu modelleri ilkeleri ve duyarlılıkları açısından anlamak yerine, şekilde yücelterek kutsallaştırmak...

Unvanlardan, evliliklerden vazgeçen kadınlardan söz ediyorsunuz. Bunu yapan erkekler var mı?

Aynı yoğunlukta olmasa bile vardır. Toplumda kadın ile erkeğe biçilen rolle alakalı bir oluşum bu. Erkekler seçebilir, değiştirebilir, hata yapsa bile affedilebilir, hayatını yeni baştan kurabilir... Boşanan erkek yeniden evlenip ikinci bir hayata başlar, ama kadın bunu yapamaz, çocuklarını bırakmaz çünkü. Kadının doğru karar verebilmesi, seçici olması çok daha özel bir çaba gerektiriyor. İşte bu yüzden kadın her zaman sıkı sıkıya kendi ayakları üzerinde durabileceği şekilde kendini donatmalı, diye tekrarlıyorum. Hiçbir zaman varlığını başka birine endeksleyerek varolabileceğini düşünmemeli. Bu, ataerkil toplumlardan modern toplumlara geçişle de alakalı bir olgu. Geleneksel toplumlarda hiyerarşik ilişkiler vardır, yani insan teki kurulu bir yapının içinde bir hücre gibi yer alarak varlığını tamamlar. Ama artık birey olarak varolarak işe başlamak gerekiyor. Birey, yani düşünen, akleden, seçen, bağlanmayı bilen, mesuliyet sahibi, müdrik insan.

Yaşanmış yirmi yılı değerlendirirken nasıl bir ruh haline sahipsiniz?

İslamileşme sürecini yeni bir dünya, vicdanlı ve adil bir dünya özlemiyle yaşadık. İlerlemenin ve gelişmenin, çağdaşlığın ve medeniliğin görüntülere, kendini inkâra ve aşağılamaya, yerli olan her şeyden tiksinti duymaya bağlandığı bir paradigmaya duyduğumuz tepkiyle, kimlik tanımlaması ihtiyacıyla, İslamiyet'i öğrenmeye ve yaşamaya çalıştık. Tecrübemiz bir şok halinin büyülenmeleri ve iddiaları kadar sarsıntılarını, çarpılmalarını, savrulmalarını da kapsıyor. Müslüman olarak yaşamak istiyorduk, İslam'a bağlıydık; kendimizi bir tarihsel süreklilik içinde hissetsek bile, Türkiye coğrafyasına has "Harf Devrimi" gibi nedenlerle bilgisiz hissediyorduk. Dini bilgimizin ve perspektifimizin yetersizliği yüzünden belki, tepkisel bir ruh haliyle, bütün felsefi ve sosyal idelojileri, öğrenme ve anlama gereği duymadan reddediyorduk. Freud'u, Marx'ı, Darwin'i, feminizmi... Derinlerden gelen bir açlıkla fıkıh külliyatına, tercüme kitaplara daldık. Önümüze gelen bilgileri Allah rızası için, daha takvalı bir yaşantı adına hayatımıza yerleştirmeye çalıştık. Bu anlamda yüzyılların müslümanlığına has çeşitli çelişkileri de olan tecrübeyi kendi yaşantımıza sığdırmaya kalkışmış olduk. Geçmiş yüzyıllara ait yaşantıları, kabulleri biz modern eğitim almış, farklı bir zaman diliminde ve farklı mekânlarda yaşayan müslümanlar olarak özümseyebileceğimizi sandık, bunun için çabaladık, bu nedenle bazan yanlışlıklar yaptık. Bunun olabilir ve olamaz yönleri vardı, bunları kavradık.

Feminizme şimdi nasıl bakıyorsunuz?
Feminizmi insanlık tarihine olumlu bir katkı olarak görüyorum. Ne de olsa feminizm bir ideoloji, bir dünya görüşü değil. İnsanlık tarihi bugün baktığımız noktada eril bir karakter taşıyor, bu dile ve dini algılamalara, yorumlara da yansımış. İslami olsun, hıristiyani olsun bütün geleneklerde eril karakter bir şekilde kendini gösteriyor. Kadına bakış açısında –bazan kadının da kendisine bakış açısında ve kendini ortaya koyma anlayışında– insanlık değerini billurlaştıracak birtakım değişikliklerin olması gerektiği açık ve feminizm bunu gösterdi. Bu nedenle, kadın-erkek ilişkilerinin daha olumlu bir noktaya gelmesi bakımından feminizm insanlık tarihine belli bir seviyeye kadar olumlu bir katkı. Özselci feminizm gibi ayrışmalar ayrıca dikkate değer.

Batı'da, farklı eğilimlerdeki kadınlar, ortak hak ve talepler için birleşebiliyorlar, Türkiye'de bütün kadınların birlikte bazı davaların peşine düşme ihtimali var mı?
Türkiye toplumu genellikle tepkisiz bir toplum ve tepkiler de kolaylıkla birbirinden yalıtılabildiği için tezlikle zayıf düşürülüyor. Sivil kurumlar ve etkinliklerin zayıflığı, mevcut olanların da devletten, resmi ideolojiden tam anlamıyla bağımsız olamaması nedeniyle, toplumun kendini ifade edebilmesinin yolları son derece sınırlı. Hak, adalet, haksızlık gibi konularda köklü, sahici ve tutarlı ölçüler ileri sürülemediği için insanlar biraraya gelemiyor. Herkes kendi uğradığı haksızlığı, hukuksuzluğu görüyor. Haksızlığı sadece bizim başımıza geldiği zaman fark ediyoruz. Ama artık bu görüş darlığı da tartışmaya açıldı.

Peki Türkiye'de İslamcılık için esas damar nerede? Bunca yaşanan şeyden sonra sizi en çok ne heyecanlandırıyor? Parti mi, entelektüel faaliyetler mi?
İslamcılığı tarihin, coğrafyanın, iklimin ve tabii dini içine alan, dinden kaynaklanan kültürün harmanladığı bir öz, bu özün kılcal damarları besliyor, diye düşünüyorum. Varoluşsal sorular ya da çok duygusal tepkiler bu özden bağımsız olamaz. Bu öz gündelik hayatta, kültürle, dille, türkülerle şarkılarla, Yunus'la, Pir Sultan'la, hatta Mal-

koçoğlu filmleriyle, fedakârlığı ve hakikat arayışını yücelten özdeyişlerle bizi sarmalayarak daha adil ve vicdanlı bir dünya ideali için, "insanlığı ve dünyayı kurtarma eylemi" için harekete geçmeye sevkediyor. Bireyden topluma, toplumdan bireye gidip gelen bir hareketlenme de bu özü etkiliyor, değiştiriyor, bazan da zedeliyor elbette... Size bir şey söyleyeceğim: Ülkücüyken İslamcı harekete yönelen bazı erkeklerle yaptığım konuşmalarda, Malkoçoğlu veya Cüneyt Arkın filmlerinin, mehter marşlarının duyarlılıkları ve idealleri nasıl şekillendirdiğinin farkına vardım. Bu ülke bir şiir mısrasıyla, şarkıyla türküyle, bir ayetle hayatını değiştirebilen insanlarla dolu.

Bugün sizi umutlandıran esas şey nedir?

Birçok şey var, zaman zaman da ortaya çıkıyor ve işte diyorsunuz, işte, insan henüz yaşıyor. Adalet özlemi, halk hareketleri, haksızlığa uğrayanın verdiği mücadele, güzel bir şiir, resim, hikâye... Olumlu gelişmeleri gözardı etmemeliyiz. 1970'lerde karşı tarafı dinlemek asla mümkün değildi; bugün, ne olursa olsun kimsenin bir başkasını yanlış yerde gördüğünü düşünse bile zorla ve baskıyla değiştirebilme hakkı kabul edilemez. "Öteki" konusu ve "ötekinin hakları" irdeleniyor. Konuyu özelleştirirsek, 1960-70'lere kadar hâkim olan müslüman kadına bakış da, yaptırımlara, karikatürleştirme gayretlerine rağmen değişti. İslamcılar topluma bu anlamda bir şeyler verdiler. Türkiye'deki entelektüel tartışmalardan da bir şeyler aldılar. Bir diyalog imkânının bulunması umut verici. Şimdi çeşitli kesimler, müslümanlar, solcular, liberaller Türkiye'deki gelir dağılımındaki adaletsizlikten şikâyetçi. Eskiden sanki bir taraf daha maddeciyken, diğerleri daha maneviyatçıydı. İslam da 1970'lerde, çok idealist, bu dünyayla ilgili olmayan bir din gibiydi... İslamcılar, İslam'ın aynı zamanda bir dünya dini olduğunu anlatmak isterken, dinin küçük gördükleri ve anlamaya yanaşmadıkları geleneksel anlamlarına da açıldılar.

Siz bardağın dolu tarafını görüyorsunuz. Bazıları da tüm farklı kesimleri birleştirenin tüketim olduğunu söylüyor.

Bu anlamda tüketim birleştirmez, ayırır, kışkırtır, yaralar. Bir tüketim modası dalgası olduğu doğru ve bu sadece Türkiye için geçerli değil. Pratik, bireye dayalı, teşrifatsız Amerikan tüketim tarzı modernleşmekte olan geleneksel toplumlarda ilgi görüyor. Her şey değişirken, müslümanlar nasıl bir kütle halinde oldukları gibi kalabilirler ki... Mesela İran'da da McDonald's tarzı fast food mekânlarına gençler de orta yaşlılar da ilgi gösteriyorlar. Yeni, farklı ve modern hayatın şartlarını kolaylaştıran yapılar ilgi görüyor. Bu ilgiyi bir dereceye kadar sapma saymıyorum. Biçimler, zevkler değişebilir ama taklit kapısı her zaman yozlaşmaya açıktır, taklit her zaman aşırılığı üretir. Diğer yandan, tüketimin birleştiriciliğine de inanmıyorum. Tüketim ideolojisini paylaşan kesim Türkiye'de zaten ancak yüzde 20-30'lara kadar çıkabilen bir kesim. Geriye kalan "öteki Türkiye" diye isimlendirilmeye başlanan nüfusu biraraya getiren bir tüketim bolluğu yok. Tersine tüketim kültürü bu nüfusta ayrışmalara yol açıyor. Yoksulluk sınıfları belirginleştiriyor; ideolojik ayrışmalara ve çeşitlenmelere sebep oluyor. Bu arada İslam'ın sağ ve sol yorumları gündeme geliyor. İşin aslında kültürel üretimde bulunamayan bir toplum zaten her zaman tüketici bir toplumdur. Sel gider, kum kalır misali... Varoşlardan yükselen İslamcılık dalgası hidayetin ve imanın sınavından geçiyor. Tabii gençler dünyayı kurtarmayı amaçlayan ideolojilere eskisi gibi bakmıyorlar. Ama bu arada ideolojilerle ilgili saplantılar da ayıklanmış oluyor.

Çok önemli bir hesaplaşma yazısı yazdınız ve bu Birikim'*de çıktı. Neden?*

Birikim iyi bir platform oluşturuyor, önemli dosyalar hazırlıyor. Çoktandır, alışılmış sağ ve sol paradigmalarla düşünmekte ve konuşmakta zorlanıyoruz. Hz. Muhammed (S.A.V.) büyük bir devrimciydi ama bizim ülkemizde sağ kesimde devrimcilik küfürle bir tutulagelmiştir. Geçenlerde Moral FM'de bir konuşma yaptım. Orada beni sağ kesimin yazarı olarak tanıttıklarında, bunu tartışmaya açtım. Bu anlamda sağcı olmadığımı, İslami sol bir söylemi benimsediğimi söyledim. Bunu Türkiye'de herkes söylüyor. Ülkemizde solun sağ, sağın da sol tarafından temsil edilegeldiği ileri sürülüyor. Sağ ve sol kavramları geçmişte olduğu gibi iki bloku taşımakta zorlanıyor. Tüm dünyada klasik sağ ve solun değiştiği tartışmaları da yaygınlaştı.

Eskiden İslami dergiler vardı ve siz oralarda yazardınız...
Yine yazıyorum. Bizde uzun ömürlü dergi pek yok. Yıllardır yayınını sürdürmeyi başaran *Dergah* dergisi var mesela, orada hikâyelerim, yazılarım yayımlanıyor zaten.

Örtülü kadınların mücadelelerini başkaları üstlenmiş gibi görünüyor. Nazlı Ilıcak, Oya Akgönenç gibi. Siz bundan pek hoşlanmıyora benziyorsunuz.

Bu bağlamdaki eleştirilerim benim Nazlı Ilıcak veya Oya Akgönenç'e karşı olduğum anlamına gelmiyor, tersine Ilıcak'ın eski çizgisini terk ederek, daha özgürlükçü bir çizgiye geldiğini, dolayısıyla bir gelişme kaydettiğini düşünüyorum. Oya Hanıma da aynı şekilde hizmet anlayışı, toplumsal duyarlılık gibi konularda saygı duyuyorum. Onlara saygı duymam ayrı, FP'nin kendi içindeki yapılanma ve demokrasi zaaflarını eleştirmem ayrı. Başörtülü kadınlar FP içinde hak ettikleri yeri alamıyorlar. Aslında yalnız FP değil, Türkiye'deki bütün partiler yapısal olarak demokratik değiller. Lider kültüyle, soykütükleriyle, saltanatları, saray ilişkilerini hatırlatan ilişki biçimleriyle çıkıyorlar karşımıza. Kadınlar siyasal platformda vitrin mankeni kadar yer tutuyorlar. Diğer yandan, FP bir partidir, Türkiye'nin geneline hitap etme iddiasındadır madem, bu partide örtüsüz kadınların bulunması doğal karşılanmalı. Türkiye'de ve benzeri ülkelerde kendini müslüman saymakla birlikte başını örtmeyen kadın sayısı çok fazla. Başı zorla açmak gibi zorla örttürmek de kadının kişiliğini ve tekamülünü zedeleyecek bir dayatma olur.

Siz Merve Kavakçı olayına da eleştirel bakıyorsunuz.
Kavakçı'yı atanmış biri gibi görerek eleştirmem söz konusu olamaz. Dışarıdan ve yukarıdan aday "atanması", tabii rahatsızlık verici ama bildiğim kadarıyla Kavakçı partiye emeği geçmiş biri. Gerçi parti için yıllarını vermiş, gece-gündüz çabalamış kadınların parti içinde hak ettikleri yeri almamaları FP için genel bir problem.

Kavakçı o kadınlara pek benzemiyor galiba.
Benzemesi de gerekmiyor. Merve Kavakçı İslami kesimde bir yanı, bir olabilirliği temsil ediyor, o kadar da aykırı düşmüyor. FP bir yandan başörtülü aday göstermediği için eleştiriliyordu, diğer taraftan buna hazır bir aday olmadığını düşünüyor olmalıydılar. Merve Kavakçı gibi, o çok tepki duyulan İslamcı kadın tipini yalanlayacak özelliklerle donanmış birinin gördüğü tepkinin yanında, FP'nin tabanından gelme birisinin Meclis'e gitmesi durumunda nasıl bir tepkiyle karşılaşacağı ve bu tepkiler karşısında dayanıp dayanamayacağı soruları geldi gündeme. Gerçi, bilemiyoruz, belki de çok iyi dayanırdı.

Bütün bu yaşananlardan, ödenen bedellerden sonra aşkın mümkün olduğu söylenebilir mi?
Aşk her zaman mümkün ve zaten bilindiği gibi, aşk "her şeye rağ-

men" gelişir, engellerden yasaklardan beslenir.

İnsanlar sanki hayıflanıyorlar...
Bu gençlik yıllarını ideolojik çekişmelerle geçirmiş bir kuşağın tabii sorgulaması bir bakıma. Ertelenmiş gençlikler, ertelenmiş, bastırılmış aşklar... Başka bir açıdan, tartışılan aşk değil de sanki orta yaş sendromuyla "boşa mı geçti" diye sorulan yıllar ki bu genel bir soru. Aşk, taşınması çok kolaymış gibi, genellikle bir bahane olarak kullanılır; bazan bir kılıf, örtü, maske olarak da... Dava ve aşk ikilemi, şu en eski, en çok oynanan trajedi yani...

İnsanlar grup psikolojisi içinde aşktan korkuyorlardı, değil mi?
Aşk mutlaka yaşanıyordu ama telaffuz edilmiyordu veya başka isimlerle örtbas ediliyordu. Dava aşkı her şeyden önemliydi çünkü ve dava aşkı ilahi aşkla aynı şeydi. *Birikim*'deki yazımda bu psikolojiye değinmiştim. 1970-80'lcrde yalnızca ilahi aşkın mümkün olduğu konuşulurdu. Fakat böyle konuşmalar, aşkın olmadığı, yaşanmadığı anlamına gelmiyordu. İnsanlar aşkı yaşadılar, gerçi bundan dolayı utandılar, suçluluk duydular, acı çektiler ve duygularını başka şekillerde açıkladılar. Bu biraz başka süreçlerle de ilgili. Aşkın popüler kültürle bağlantılı dillendirilmesi de İslami kesim için olduğu kadar tüm toplum için de yeni bir şey. Aşk popüler kültürde farklı bir mit. Yaşanması, bulunması, korunması, sürdürülmesi zor ama insanların ondan söz etmeye, ona her an sahip olabilirmiş ve sahipmiş gibi yaşamaya ihtiyaçları var.

Erkekler örtüsüz kadınlara aşık olabilirken, örtülü kadınların İslamcı olmayan erkeklere aşık olması pek mümkün olamıyor galiba.
Doğru. Kadınların korunma güdüleri ve imkânları bu konularda denetimli ve dirençli olmalarını sağlıyor. Ama bu olmayacak bir şey de değil.

Emine Şenlikoğlu'nun bir romanında evli bir kadın rüyasında bir başka evli erkeğe aşık olduğunu görüyor. Böyle şeyler eskiden...
Olmazdı evet. Ya da anlatılamazdı. Bu roman sanatının anlaşılmasıyla, algılanmasıyla ve gelişmesiyle ilgili bir gelişme. Bu aynı zamanda, kadının anlatıcı konumda olmasıyla meydana gelen bir tamamlama. Edebiyat bize yanlışları da doğru bir lisanla anlatabilme imkânı sunuyor. İnsani olan her şey bayağılığa kaçmadan yazılı bir şekilde ifade edilebilir.

Uzun süredir kol kırılır yen içinde mantığıyla içe atılan şeyler yavaş yavaş dillendirilmeye başladı sanki.

Hikâye, roman bizim için henüz yeni anlatı türleri. Kadının yazması da çok yaygın değil. Özellikle daha dindar kesimler için bu çok yeni bir şey. Müslüman kadın yazarlar mahremiyet değerine önem vererek anlatılarını oluşturuyorlar. Bu nedenle kamusal alanda olduğu gibi edebiyatta da mahremiyetin yeniden tanımlanmasında belirleyici bir rolleri var.

Başörtüsü deneyimi hakkında da çok fazla tanıklık yok.

Türkiye'de İslamcılık anlamında da çok ciddi eserler verilebilmiş değil ki... Kadın yazarlar açısından bakılacak olursa, bu yetersizlik dilini bulamamakla, cesaret edememekle alakalı olabilir. Doğrudan kendini anlatmak herhangi bir anlatıcı için önceden birçok ciddi soruya cevaplar bulabilmiş olmayı gerektiriyor. Bu yetersizlik ayrıca İslamcı kadının özne olarak hayatı yaşama sorumluluğu anlayışı açısından da anlaşılabilmeli. Yani, önemli olan anlatmak değil yaşamaktır, bilmek değil eylemektir şeklindeki bir yaklaşımla, bir bakıma hayatla araya mesafe koyan, bireysel bir duruşu da gerektiren yazı'dan uzak durulabiliyor. Ayrıca doğrudan kendinden söz etmek, kendini cemaatten veya kitleden koparması mümkün bir seslenme de doğru bulunmayabiliyor.

Birikim'deki yazıyı niye kaleme aldınız?

"Bacıdan Bayana" başlıklı o yazım birkaç yıllık bir çalışmanın ürünü. Bir açıdan başörtülülerin son yirmi otuz yılda yaşadıklarını, kamusal alanda İslamcı erkeklerle ilişkilerindeki değişme bağlamında anlama denemesi... Başlarını açmayınca yasaklar yüzünden çok büyük baskılara maruz kalıyorlar, diğer taraftan başlarını açmamak için evlerine kapanmaları gerekiyor. Görünürlükleri nedeniyle çeşitli suçlamalar ve baskılarla fiili olarak önce onlar yüzleşiyor. Birçok alanda başörtüsü bir tıkaç gibi, kadınların ileri hamleler yapmasını engelliyor. Bunun yanında sorunun çözümsüzlüğü ve hayatın katı işleyişi karşısında başörtüsünün değersizleştirilmesi söz konusu. Jakoben laikler neyse de İslami kesimin erkekleri ve bu sorunu yaşamayan kadınları da başörtüsünü kısmen bir yük olarak algılamaya başladılar. Başörtüsü gündemden düşsün, gazetelerde bu konularda yazı yazılmasın, hep başörtüsü başörtüsü denilip durulmasın, müslüman kadın denilince başörtüsü sorunu anlaşılmasın deniliyor ama başörtüsü pratik bir sorun olduğu halde bir çözümsüzlüğe itildiğine göre, bu mümkün de olmuyor.

Örtüleri nedeniyle okuyamayan, çalışamayan kadınlar kendilerini sosyal faaliyetlere adadılar.
İnsanları mutlu eden, geliştiren, paylaşmaya sevkeden şey, üretmektir. Üretemeyip bir yere sıkışıp kalırsanız bu kişilik olarak kurumanıza, kısırlaşmanıza, cazibe yitimine yol açar. *Birikim*'deki yazımda bunu anlatmıştım. İslamcı kadınlar yapısal olarak, duyuş olarak Allah rızası dışında bir karşılık beklemeden, sosyal faaliyetlere adanmaya, ilişki üretimine yatkınlar. Fakat meslek edinmeleri de gerekiyor. Bir yaştan sonra meslek edinememiş olmanın getirdiği problemlerle karşı karşıya gelecekler.

İslami kesimlerde sınıfsal ayrışmalar da yaşanıyor. Örneğin zenginler kızlarını yurtdışına okumaya gönderirken yoksul kızlar ya istemeyerek başlarını açıyor ya da okullarını terk ediyor.
Bu her zaman böyleydi, yani sınıf farklılıkları bir şekilde vardı ama kitleselleştikçe sınıf farkları daha bir belirginleşiyor. Beş yıldızlı otellerde tatil yapanlar da ucuz ekmek kuyruğuna girenler de kimliklerini müslüman olarak ifade edebilirler. Zengin olmak suç değil, kara para ve israf suç, yani haram. Bugün bulunduğum noktada bir müslümanın imanının ancak maddi ve konumsal sınavlarda gösterdiği başarıya bağlı olduğunu düşünüyorum. İnandığın gibi yaşamazsan, yaşadığın gibi inanmaya başlarsın. Esas olarak takva sahibi müslümanların gösterişçi tüketimden kaçınmaları beklenir. İslam'ın bu bağlamdaki ilkeleri çok açık ve belirleyici olduğu için, müslümanların sosyal adaletten, adil bir düzenden, medine-i fazıla arayışından yana çizgileri de bütün sınıfsal oluşumlar arasında belirleyici olmaya devam edecektir.

*

Diyanet İşleri Başkanlığı'nın Fetva Komisyonu'na ilk kez bir kadın üye atanacağının açıklanması geniş yankı buldu. Benzer şekilde Diyanet'in, "İslam'ın yeniden yorumlanması" ışığında tefsir, fıkıh ve hadis alanında yapmayı planladığı "ayıklama faaliyetleri" kapsamına kadın aleyhtarı hususları da koyacak olması[1] büyük ölçüde olumlu karşılandı. Nihayet Diyanet Vakfı tarafından yayımlanan bir kitapta, Kuran'a dayanılarak, bazı şartlarda kadına dayak atılabileceğinin belirtilmiş olması büyük tepkilere yol açtı...[2]

Görüldüğü gibi "İslam ve kadın" konusu her durumda popülerliğini koruyor. Her yeni öğrenim yılında, İslam ve kadın konusu, türban vesilesiyle gündemin ön sıralarına yerleşiyor. Çünkü o kadar hükümet değişti, türban sorunu çözülemedi, çözülebileceğe de benzemiyor. Bu sorunu çözme iddiasındaki partilerin iktidarlarında örtülü kızlar üzerindeki baskı daha da arttı.

2000 yılı sonu itibariyle statüko şöyle: Devlet, kız öğrencilerin gönül rızasıyla başlarını açmalarını sağlayamıyor. Ama taviz de vermediği için kızların ezici bir çoğunluğu, okullarına girerken başlarını açıyor veya peruk takıyorlar. Mali durumu elverişli olanların (Recep Tayyip Erdoğan'ın kızı gibi) yurtdışında okumaya gittikleri biliniyor. Örtüleriyle okuma uğruna Avrupa'ya, hatta Kanada, Yeni Zelanda, Malezya, Avustralya gibi ülkelere gidenler olduğu söyleniyor. Bu kızların bir bölümü bazı "hayırseverlerin" yardımıyla okuyabilirken, içlerinden bazılarının "siyasi iltica" yolunu zorlayacakları ileri sürülüyor.

Türban eylemine gelince: Bugünlerini ve geleceklerini riske atma pahasına bir avuç genç kız, umutsuzca direnişlerini sürdürüyor. Bu durum birbirinden farklı birçok odağı memnun ediyor. Çünkü bu kızlar, en çaresiz halleriyle bile "İslamcı tehdit/tehlike"yi simgeliyorlar.

1. Diyanet'in Saraybosna'da düzenlediği 4. Avrasya İslam Şurası'nın sonuç bildirgesinde "Sevgi, barış ve hoşgörü gibi ilkeleri her zaman ön planda tutmuş yüce dinimizin, şiddet, işkence, çağdışı görüntüler, kadını eve hapseden, sosyal hayattan tecrit eden bir imajla Batı'da tanınıyor ve tanıtılıyor olması büyük bir haksızlıktır. Bu imajı silmek bizim görevimizdir" sözleri yer alıyordu.

2. Kemal Güran, *Müslümanın El Kitabı*, Diyanet Vakfı Yayınları, 2000, Ankara. Vakıf gelen yoğun tepkiler üzerine kitabı piyasadan çekti.

Yaygınlaşan Yasak

Ülke içinde türbanlı öğrenci kabul eden bir avuç vakıf üniversitesinden başka kurum kalmadı. "İslami" iddialı özel öğrenim kurumların çoğu da, "kraldan çok kralcılık" yapıp hem öğrenci, hem öğretmen / öğrenim görevlisi olarak başörtülülere kapılarını alabildiğine kapatmış durumdalar.[3]

Yasak artık üniversitelerle sınırlı değil, imam hatip liseleri ve özel dersanelere kadar genişletildi. Artık yalnızca öğrenciler yasak mağduru değil. Örneğin Ekim 2000'de çocuk yurtları ve kreşlerinde çalışanların örtünmesi yasaklandı. İlk bakışta önemsiz görünen bu yasak İslami kesimi çok derinden etkilemeye aday, çünkü bazı cemaatlerin bu alana özel olarak el attıkları, ayrıca devlette görev alamayan çok sayıda üniversite mezunu kadının da çocuk eğitimi sektöründe çalıştığı biliniyor.

Cumhurbaşkanı Ahmet Necdet Sezer tarafından imzalanmayan, memurların kolaylıkla işten çıkarılmasına imkân tanıyan kanun hükmünde kararnamenin bir şekilde TBMM'den yasa olarak çıkması durumunda mağdurların sayısının iyice artması bekleniyor. Çünkü memurların "irtica" ile ilişkilerinin belirlenmesinde türbanın yegâne olmasa da, önemli bir kıstas olacağını kestirmek zor değil. Daha şimdiden hangi kadın memurların devlet dairesi dışında, hangi memur eşlerinin evlerinde örtündüğünün çeteleleri çıkartılmış olabilir. Ve yine buna bağlı olarak, işlerinden olmak istemeyenlerin akıllarına ilk önlem olarak örtülerini özel hayatlarında da çıkarmak (veya eşlerine çıkartmak) gelebilir.[4]

---

3. Bakınız, Ahmet Mayalı, "Yine 'içerden' barikatlar", *Şahitlik*, s. 216. Mayalı bu yazısında sadece öğrenim kurumlarının değil, birçok "İslami" şirketin de örtülülerden pek de haz etmediğini ileri sürüyor: "Bu şirketlerde aynı işi başörtülü hanımlar da rahatlıkla, belki daha iyi bir şekilde yapabilecekken, başörtüsüz hanımların tercih edilmesi gerçeğinin ne anlama geldiğini izah etmek bir hayli güç görünüyor."

4. Yıllardır süren ordudaki "irticacı personel" ayıklamasında, subay ve astsubay eşlerinin örtülü olup olmadığına da bakıldığı biliniyor. Nitekim, ordudan atılmış Nakşibendi kökenli bir binbaşı bize şöyle demişti: "Diğer cemaatlerden bazı arkadaşlar, namazlarını gizli kılmaya, eşlerinin örtülerini çıkarmaya başladılar. Fakat sonunda bizimle beraber onları da attılar."

Bu kitapta Türkiye'de dindar kadınların son yirmi yıldaki, benzeri görülmemiş toplumsallaşması, siyasallaşması ve bireyselleşmesi olgusunu incelemeye ve tartışmaya çalıştım. Kitabın girişinde belirttiğim gibi bütün bu süreci birinci elden tanıklar ve tanıklıklarla anlama ve anlatma kaygısı güttüm. Bu nedenle önem verdiğim beş kişiyle uzun röportajlar yaptım ve belki de okuyucuyu bıktırma pahasına sık ve uzun alıntılar yaptım.

Objektiflik iddiasında değilim, istesem de olamayacağımı biliyorum. Daha kitaba verdiğim ad, dindar kadının son 20 yılını nasıl değerlendirdiğimi gösteriyor. "Direniş ve İtaat" başlığıyla şunu söylemek istiyorum: İslamcı kadınların ilk ortaya çıkışı bir direniş potansiyelini içinde barındırıyordu, ama yenilerek yeniden itaata yöneldiler. Eğer "İtaat ve Direniş" deseydim çok farklı bir şey söylemiş, İslamcı kadınların galibiyetini ilan etmiş olurdum.

İslamcı kadınlar yenildi, çünkü kendilerine zulmettiklerini iddia ettikleri "laik" iktidara, yani sisteme karşı mücadele ederken, yine kendilerini ezen İslamcı erkeklere ses çıkarmadılar, hatta onlara, iktidarlarını daha da pekiştirmelerinde yardımcı oldular.[5] Zaten iki iktidar arasında sıkışmış oldukları için başarılı olma şansları çok azdı. Bir iktidarı diğerine tercih ettikleri için bu azıcık şansı da teptiler. İslamcı kadınlar yenildi, çünkü İslamcılıklarını kadınlıklarının önüne geçirdiler.

Haklarını yemeyelim, başka türlü davranma imkânları da çok yoktu. Çünkü laik feminist çevrelerle "kadınlık" temelinde bir arada olmalarına kimse izin vermedi, bundan sonra vereceğe de benzemiyor. Baksanıza, İslamcı kadınlar üzerine laik kadın araştırmacılar tarafından yapılan çalışmalar, 1990 sonlarından itibaren iyice azalmış durumda. Bunun belirleyici nedeni, 28 Şubat 1997'de başlayan süreçle birlikte İslami hareketin gerilemesi, yani gözden düşmesi olmasın? Buna karşılık, İslamcı kadınlar tarafından kaleme alınan, dünyada, dinde ve İslami hareketteki konumlarını sorgulayan eserlerin sayısındaki bariz artış da yaşadıkları yenilgi duygusuyla doğrudan ilintili olsa gerek.

Günümüz İslami hareketi, birçok açıdan 1980 sonrası sosyalist hareketi andırıyor. Erken devrim hayallerinin suya düşmesiyle beraber

---

5. Bugün İslamcı erkeklerin ezici bir çoğunluğu, başörtüsü sorunundaki tavizsiz tavrı nedeniyle egemen güçleri eleştirmeye devam ediyorlar, ama nasıl? "Yanlış yapıyorsunuz, böyle yapmakla dindarları kendinize gereksiz yere düşman ediyorsunuz" şeklindeki bir uyarıyla özetlenebilecek silik ve sinmiş bir tavırla.

yaşanan şok, doğru bilinen birçok şeyin sorgulanmasına yol açıyor. Devleti ele geçirmeye yönelik politikanın yerini "sivil toplum" faaliyetleri, siyasi grupların veya cemaatlerin yerini küçük ve heterojen arkadaş grupları veya birey, fedakârlık ve feragatın yerini tüketim alıyor.

Kimi entelektüel İslamcı kadınlar, yeni dönemde feminizmin de "moda" olduğunu ileri sürüyorlar. Ama bu iddia sahipleri bu konuda çok örnek gösteremiyorlar. Zaten bütün önemli değişim ve dönüşümlere rağmen "feminist" tanımını üstlenmenin İslami kesimde hâlâ çok zor olduğunu da biliyorlar. Bu nedenle "kadın bakış açısı" gibi kavramları kullananları da bu "modanın etkisinde kalmış" olmakla eleştiriyorlar.

Kendileri de İslami kesimdeki erkek tahakkümüne karşı samimi bir şekilde mücadele veren bu İslamcı kadınlar, Türkiyeli feministlerin kayda değer bir bölümünün, türban konusu başta olmak üzere birçok konuda sistemle birlikte hareket etmesinden dolayı feminizme karşı böyle bir tutum takınıyor olabilirler. Ama onlar, daha çok, 1980 sonrası yaşanan feministleşmeyi anlamayıp –kimbilir, belki de çok iyi anlayıp– onu küçük göstermeye çalışan sosyalistleri andırıyorlar.

Nasıl sosyalist hareketin bağrından bağımsız ya da özerk bir kadın hareketinin çıkması "Kurtulmak yok tek başına / ya hep beraber, ya hiçbirimiz" gibi şık bir sloganla engellenmeye çalışılmış ve mitinglerde bu sloganı en çok, hatta belki de yalnız kadınlar atmış, en çok kadınlar bu sloganın cazibesi altında kalmışsa; "İslam, kadınlara feminizmden daha çok özgürlük verir" sloganına da nedense erkeklerden çok dindar kadınlar itibar ediyor.

Kuşkusuz dindar kadın feminist olmak zorunda değil. Ama kadın haklarını savunma, erkek egemenliğine direnme iddiasındaysa, erkeklerin ürettiği yalan-yanlış suçlamalarla feminizme saldırmamak zorunda. Aksi takdirde, iki farklı iktidara karşı mücadelesinde hükmen mağlup konumunu değiştirebilmesi mümkün görünmüyor.

Kaynakça

AK-DER, *"Baş"üstüne, Fotoğraflarla Başörtüsü Yasağının Yakın Tarihi*, İstanbul, 1999.
A. Kurter, E. H. Toros, G. Ermez, G. Kiracı, Y. Kavuncu, M. Gülnaz, N. Öztürk, A. Can, Z. Türkân, N. Tunç, "Kadınlara Rağmen Kadınlar İçin Tavrına Bir Eleştiri", *Sosyalist Feminist Kaktüs*, Aralık 1988.
Ahmet Kekeç, *Yağmurdan Sonra*, Şehir Yayınları, 1999, İstanbul.
Ahmet Küskün, "Muallâ Gülnaz'a Açık Mektup", *Zaman*, 29 Eylül 1987.
Ali Bulaç, "Feminist Bayanların Kısa Aklı", *Zaman*, 17 Mart 1987.
Cihan Aktaş, "Bacıdan Bayana", *Birikim*, Eylül 2000, sayı 137.
—— *Son Büyülü Günler*, Nehir, İstanbul, 1995.
Elif H. Toros, "Feminist Kime Derler?", *Zaman*, 15 Eylül 1987.
Emine Şenlikoğlu, *İslam'da Erkek*, Mektup Yayınları, 1988, İstanbul.
—— *Kadınları Kadınlar da Eziyor*, Mektup Yayınları, 1997, İstanbul.
Halime Toros, *Tanımsız*, Damla Neşriyat, İstanbul, 1990, ss. 93-96.
Hidayet Şefkatli Tuksal, *Kadın Karşıtı Söylemin İslam Geleneğindeki İzdüşümü*, Kitabiyat, Ankara, 2000
İmza, özel ek, Aralık 1989-Ocak 1990.
İslâmiyât III, Kadın özel sayısı, Nisan-Haziran 2000, sayı 2.
Mazlum-Der, *Bütün Yönleriyle Başörtüsü Sorunu*, Genişletilmiş 2. Baskı, İstanbul, 1998.
Muallâ Gülnaz, "Ali Bulaç'ın Düşündürdükleri", *Zaman*, 1 Eylül 1987.
—— *Başörtüsü Mağdurlarından Anlatılmamış Öyküler*, İz Yayıncılık, 1998.
Nazife Şişman, *Kamusal Alanda Başörtülüler, F. K. Barbarosoğlu ile Söyleşi*, İz Yayıncılık, İstanbul, 2000
ÖZGÜR-DER, *Şahitlik, 28 Şubat Sürecinde Başörtüsü Direnişi*, İstanbul, 1999.
Ruşen Çakır, *Ayet ve Slogan: Türkiye'de İslami Oluşumlar*, Metis, 1990.
Sedef Öztürk, "Eleştiriye Bir Yanıt", *Sosyalist Feminist Kaktüs*, Aralık 1988.
Tûbâ Tuncer, "Kimin Aklı Kısa?", *Zaman*, 1 Eylül 1987.
Yıldız Kavuncu, "İslam'da Kadın ya da 'İpekböceği'", *Zaman*, 29 Eylül 1987.
Yıldız Ramazanoğlu (der.), *Osmanlı'dan Cumhuriyete Kadının Tarihi Dönüşümü*, Pınar, 2000, İstanbul.
Zekiye Oğuzhan, *Bir Başörtüsü Günlüğü*, İz Yayıncılık, 1998, İstanbul.